Hérodote

revue de géographie et de géopolitique

n° 192

SOMMAIRE

Hérodote

PROCHAIN NUMÉRO

N° 193 : Le Grand Paris

DERNIERS NUMÉROS D'*HÉRODOTE*

N° 144 : L'extrême droite en Europe.
N° 145 : Géopolitique de l'océan Indien.
N° 146-147 : La géopolitique, des géopolitiques.
N° 148 : Géopolitique de la Turquie.
N° 149 : L'Amérique d'Obama, 2.
N° 150 : Regards géopolitiques sur la Chine.
N° 151 : Économie et géopolitique.
N° 152-153 : Cyberespace : enjeux politiques.
N° 154 : France, pouvoirs et territoires.
N° 155 : Géopolitique de l'énergie.
N° 156 : Géopolitique de l'agriculture.
N° 157 : Géopolitique du Viêt Nam.
N° 158 : Postconflit : entre guerre et paix ?
N° 159 : Géopolitique du Nigéria.
N° 160-161 : Hérodote a 40 ans : spécial monde arabe.
N° 162 : le 9-3, un territoire de la nation.
N° 163 : Mers et océans.
N° 164 : Menaces sur l'Europe.
N° 165 : Géopolitique de l'environnement.
N° 166-167 : Géopolitique de la Russie.
N° 168 : Géopolitique des universités.
N° 169 : Regards géopolitiques sur l'Iran.
N° 170 : La France demain.
N° 171 : Nouvelle géopolitique de l'Amérique latine.
N° 172 : Géopolitique sahélo-saharienne.
N° 173 : L'Inde.
N° 174 : Nations et migrations.
N° 175 : L'Allemagne, trente ans après.
N° 176 : L'Asie du Sud-Est.
N° 177-178 : Du cyberespace à la datasphère.
N° 179 : Géopolitique d'une autre Afrique médiane.
N° 180 : Le Maghreb.
N° 181 : Où en est le Brésil ?
N° 182 : Lybie, géopolitique d'un chaos.
N° 183 : Approche géopolitique de la pandémie de covid-19.
N° 184-185 : « L'Amérique post-Trump » ?
N° 186 : Les enjeux du cyber renseignement.
N° 187 : Une nouvelle géopolitique électorale ?
N° 188 : Géopolitique des ressources naturelles.
N° 189 : Regards géopolitiques sur l'Indo-Pacifique.
N° 190-191 : Russie-Ukraine : nouvelle géopolitique du monde.

Mis en pages par DV Arts Graphiques à Saint-Nazaire – Dépôt légal : février 2024

ISBN : 978-2-348-08201-6

34 rue des Bourdonnais, 75001 Paris.

Éditorial.
Géopolitique de l'Olympisme

Béatrice Giblin

Depuis ses débuts, en 1976, *Hérodote* n'a jamais consacré un numéro à la géopolitique du sport, à part un article[1] sur la place du football au Brésil. Mais une géopolitique de l'Olympisme est bien autre chose qu'une géopolitique du sport. C'est bien sûr une affaire financière, mais il représente aussi des enjeux de pouvoir qui se sont accrus au cours du temps avec l'élargissement du nombre d'États et des disciplines sportives qui y participent. C'est donc sous cet angle-là qu'*Hérodote* a construit ce numéro.

Le sport est un acteur des relations internationales dès le début du XXe, mis au service de la puissance et du prestige des États, à l'exemple des Jeux de Berlin en 1936, vitrine de l'idéologie nazie présentée au monde, et thérapie pour le peuple allemand afin de dépasser le traumatisme de la défaite de la Première Guerre mondiale. Plus récemment, en 2008, les Jeux d'été de Pékin ont été l'occasion pour la Chine de montrer au monde sa puissance, y compris sur le plan sportif, puisque ses athlètes furent capables de dominer les États-Unis par le nombre de médailles d'or obtenues (48) devant les États-Unis et la Russie. Il y eut bien lors de l'attribution des Jeux à Pékin quelques critiques sur le non-respect des droits de l'homme, mais les Chinois répliquèrent en insistant sur l'apolitisme des Jeux.

Hérodote, n° 192, La Découverte, 1er trimestre 2024.

1. José Sergio Leite Lopes, « Le football brésilien : conflits sociaux et identité nationale », *Hérodote*, n° 98, 2000.

Accueillir les JO : une affaire de prestige

On parle déjà beaucoup de la cérémonie d'ouverture qui aura lieu le 26 juillet 2024 à Paris. Comment, 100 ans après avoir accueilli les Jeux olympiques, Paris et la France ont choisi de se donner à voir au monde à l'occasion de cet évènement ? La réponse est « en grand », pour ne pas dire d'une manière « grandiose ». Peut-il en être autrement dans la patrie de Pierre de Coubertin, à qui l'on doit les Jeux olympiques modernes ? Qu'on en juge.

Cette cérémonie est annoncée comme exceptionnelle et inédite car, pour la première fois, elle se déroulera à l'extérieur d'un stade, donc en plein air et, qui plus est, sur la Seine. Cent dix bateaux transporteront les délégations sportives sur un parcours de 6 kilomètres au long duquel seront admirés les monuments les plus célèbres et emblématiques de Paris, entre autres Notre-Dame et le Louvre et, pour finir, la tour Eiffel où la flamme sera allumée. Par ce spectacle, Paris, capitale de la France, s'affirme clairement comme une ville mondiale au passé prestigieux et qui, en osant innover, montre ses capacités logistiques et d'organisation. En outre, les organisateurs souhaitent que la fête soit populaire, aussi l'accès sera-t-il gratuit (on attend 300 000 spectateurs avec des billets gratuits – à l'origine il était même prévu d'en accueillir 600 000 – et 100 000 avec des billets payants), sans oublier le milliard et demi de téléspectateurs qui se souviendront du spectacle. Assurément, Paris et la France veulent faire mieux que toutes les autres villes qui les ont précédées dans l'organisation de cette cérémonie. Et surtout mieux que Londres, vieille rivale de Paris, qui en 2012 avait obtenu les Jeux lors de la phase finale de leur attribution au détriment de la France pourtant considérée comme la grande favorite, mais qui fut victime cette fois d'une trop grande confiance en ses chances et aussi de l'efficace lobbying anglais. Le camouflet infligé à la délégation française laissa des traces.

Parmi nos concitoyens, certains s'en réjouiront, heureux et fiers que Paris et la France puissent présenter une cérémonie hors normes dont on parlera à l'échelle planétaire, d'autres y verront une forme d'arrogance en cherchant à se distinguer des habituelles cérémonies d'ouverture des Jeux olympiques et insisteront sur son coût et, surtout, sur les considérables risques encourus (*cf.* article de Médéric Chapitaux). Audace ou inconscience compte tenu du nombre très élevé de spectateurs à contrôler et des risques d'attentats qu'il faut impérativement envisager ? À la France rien d'impossible ! C'est encore à voir.

Parmi les risques envisagés, les cyberattaques ne sont pas les moindres. Les responsables de ce secteur s'attendent à des centaines de millions de tentatives d'attaques cyber. Il y en a eu 450 millions durant les JO de Tokyo, soit deux fois

Hérodote, n° 192, La Découverte, 1er trimestre 2024.

et demie de plus qu'à Londres en 2012[2]. Les autorités françaises comptent, en sus des forces régaliennes, sur la sécurité privée pour jouer un rôle crucial dans le dispositif global de protection (*cf.* entretien avec Pierre André).

Pourtant, malgré les risques, il semble que cette proposition d'ouverture inédite ait pesé favorablement dans la décision d'accorder les Jeux à Paris. Sans doute le dossier a-t-il été cette fois mieux préparé, porté et défendu jusqu'à la décision finale.

Obtenir les Jeux olympiques d'été (ceux d'hiver suscite un moindre intérêt auprès d'un large public) reste pour les villes candidates un enjeu : montrer au monde entier ses capacités à organiser la plus grande et la plus complexe de toutes les compétitions sportives.

Toutefois, malgré le prestige qui en est retiré, plusieurs capitales renoncent à présenter leur candidature du fait des contraintes jugées onéreuses imposées par le règlement du Comité international olympique (CIO) : coût très élevé des équipements, non seulement sportifs mais aussi de transports et de logements, qu'il faut assumer et réaliser dans des temps contraints. Le souvenir du lourd déficit que durent assumer Athènes et l'État grec à la suite des Jeux de 2004, en raison d'équipements sportifs surdimensionnés et souvent inutilisés *a posteriori*, n'est pas effacé. Seuls les États et villes financièrement solides (ou qui pensent l'être) peuvent désormais candidater. Cependant, même ces villes, et aussi le CIO, veillent à en maîtriser les coûts toujours élevés (le coût des Jeux olympiques de Paris est évalué à 8,8 milliards d'euros dont 2,4 milliards d'argent public en décembre 2022[3]). Pour faire accepter ces dépenses concernant une compétition qui dure quatre semaines, les responsables de l'organisation mettent en avant la durabilité des investissements réalisés, autrement dit l'« héritage » (*cf.* article de Pierre-Olaf Schut) : il s'agit des équipements sportifs, comme le bassin de natation à Saint-Denis, qui seront réutilisés après les JO, ou du village olympique construit à la limite de Saint-Ouen et Saint-Denis qui ensuite deviendra un nouveau quartier avec des logements et des commerces.

Les Jeux olympiques actuels n'ont plus rien à voir avec ceux relancés par le baron Pierre de Coubertin en 1894.

Comme le rappelle Jean-Loup Chappelet, « en moins d'un siècle, d'un passe-temps réservé à quelques gentlemen amateurs en Europe, le sport est devenu un phénomène mondial qui concerne des millions d'hommes et de femmes de toutes

2. Jonathan Greig, « 450 millions de tentatives de cyberattaques pendant les Jeux olympiques de Tokyo », Zdnet, 23 octobre 2021. <https://www.zdnet.fr/actualites/450-millions-de-tentatives-de-cyberattaques-pendant-les-jeux-olympiques-de-tokyo-39931213.htm>.

3. Vie-publique, <https://www.vie-publique.fr/en-bref/287860-jo-de-paris-2024-quel-cout-public>.

Hérodote, n° 192, La Découverte, 1er trimestre 2024.

origines, garçons et filles, sportifs de base, d'élite ou simples spectateurs». Le CIO fut logiquement chargé, dès les premiers Jeux modernes, de leur organisation. Mais cela ne signifie pas que d'autres organisations n'aient pas cherché à avoir un certain contrôle sur cette organisation et son déroulement. Ainsi, les fédérations sportives internationales (FI) estiment avoir un droit de regard sur le déroulement des épreuves de leur discipline puisqu'elles en fixent les règles universelles; de même des gouvernements et des organisations intergouvernementales comme l'UNESCO estiment avoir la légitimité de s'occuper du sport mondial puisqu'il s'agit du développement physique des enfants. L'article de Jean-Loup Chappelet retrace cette lutte géopolitique pour la gouvernance du sport mondial depuis 1945 qui se poursuit aujourd'hui encore avec quelques nouveaux acteurs.

Le CIO : acteur géopolitique

L'impossible Pax olympica *?*

Pendant les cinq jours que duraient les Jeux dans la Grèce antique une trêve était annoncée et respectée pour que les athlètes et les spectateurs puissent se rendre à Olympie et en revenir sans risque puisque les affrontements entre cités ennemies étaient suspendus. Les Jeux olympiques modernes se veulent les dignes héritiers des Jeux de la Grèce antique en demandant que soit respectée la *Pax olympica* durant le temps des Jeux. La trêve olympique n'a été réactivée par une résolution de l'ONU qu'en 1993, soit après les Jeux de Barcelone (1992), et après la chute du mur de Berlin et l'éclatement de l'URSS. Ces Jeux ont d'ailleurs été les seuls où les États furent aussi nombreux à participer. La *Pax olympica* des Jeux de Paris a été présentée le 21 novembre 2023 devant l'assemblée générale des Nations unies, et entrera en vigueur sept jours avant l'ouverture des Jeux pour s'achever sept jours après la fin des Jeux paralympiques. Il est peu probable que la *Pax olympica* puisse être respectée en 2024 compte tenu des tensions actuelles puisqu'une dizaine de conflits de grande ampleur se déroulent actuellement à travers le monde. Vladimir Poutine n'a d'ailleurs jamais hésité à ne pas la respecter : en 2008 pendant les Jeux d'été de Pékin avec l'intervention de l'armée russe en Géorgie, en 2014 pendant les Jeux d'hiver qui se déroulaient en Russie à Sotchi avec l'annexion de la Crimée, en 2022 aux lendemains de la clôture des Jeux d'hiver de Pékin avec l'invasion de l'Ukraine par l'armée russe. Faut-il donc ne voir dans cette trêve qu'une déclaration naïve loin des réalités ou peut-on quand même se dire que des athlètes de nations qui se font la guerre s'affronteront pacifiquement ?

Les organisateurs des Jeux veulent qu'ils soient une rencontre amicale des athlètes du monde et des pays qu'ils représentent. C'est pourquoi le mot

Hérodote, n° 192, La Découverte, 1er trimestre 2024.

« ensemble » fut récemment ajouté à la devise olympique qui est devenue « plus vite, plus haut, plus fort – ensemble » afin de marquer le pouvoir unificateur du sport et l'importance de la solidarité. Rendre le monde meilleur grâce au sport, l'intention est louable mais, disons-le, irréaliste. Il n'y a qu'à évoquer les affrontements violents entre supporters d'équipes de football pour en être convaincu. La neutralité est une règle majeure de l'Olympisme mais, dès les lendemains de l'invasion russe de l'Ukraine, les fédérations sportives russes et biélorusses étaient bannies de toutes compétitions internationales par le CIO, preuve évidente si besoin en était qu'en certaines circonstances le politique interfère dans le monde sportif. Cependant, depuis mars 2023, au nom de sa neutralité et de son rôle unificateur et pacificateur, le CIO travaille discrètement à faciliter la participation des athlètes de ces deux pays aux compétitions internationales afin de leur permettre de participer aux qualifications pour concourir aux JO. Il a ainsi recommandé aux FI de les réintégrer dans leurs compétitions mais à certaines conditions (bannière neutre, participation à titre individuel – donc pas de sport d'équipe –, ne pas avoir activement soutenu la guerre en Ukraine et ne pas être sous contrat avec l'armée ou les agences de sécurité, et répondre aux exigences de lutte antidopage). Néanmoins, cette recommandation a été vivement critiquée entre autres par des responsables polonais et allemands. Le Comité national olympique (CNO) allemand a même déclaré :

> On doit absolument éviter que les régimes en Russie et en Biélorussie n'utilisent la participation de leurs sportives et sportifs aux compétitions internationales à des fins de propagande de guerre[4].

La riposte des athlètes et responsables politiques ukrainiens a été la menace du boycott des Jeux de Paris, suivie par celle des pays baltes et de la Pologne.

En vérité, dans l'histoire récente des Jeux, la neutralité de l'Olympisme a été à plusieurs reprises mise en défaut. Le CIO a en effet connu plusieurs boycotts pour ne parler que des plus récents : en 1976, plusieurs pays africains ont boycotté les Jeux de Montréal[5] ; en 1980, la moitié des Comités nationaux olympiques n'est pas venue à Moscou[6] ; aussi, en représailles, en 1984, l'URSS a-t-elle boycotté les Jeux

4. « L'imbroglio de la participation des Russes aux JO de Paris 2024 », *Le Figaro*, <https://www.lefigaro.fr/international/l-imbroglio-de-la-participation-des-russes-aux-jo-de-paris-2024-20230407>, 07/04/3023.

5. Le boycott a été décidé à cause de la présence de la Nouvelle-Zélande dont l'équipe de rugby avait accepté de jouer en Afrique du Sud, pays alors suspendu de la communauté internationale à cause de sa politique raciste d'apartheid.

6. Boycott lancé à l'initiative des États-Unis suite à l'invasion de l'Afghanistan par l'URSS en 1979.

Hérodote, n° 192, La Découverte, 1er trimestre 2024.

de Los Angeles. Cette ambition de rassembler le monde entier n'a d'ailleurs pu se réaliser qu'à Barcelone en 1992, soit après l'éclatement de l'URSS et la fin de l'apartheid en Afrique du Sud, et avant le retour de la guerre dans les Balkans. L'époque illusoire de la « fin de l'histoire ».

Cette fois, c'est le CIO qui décide de bannir un pays et ce dès février 2022, et non pas comme habituellement un pays qui décide de ne pas participer. C'est donc un engagement politique d'une autre ampleur. Pour autant, le temps joue en faveur des Russes et plus on se rapproche de la date des Jeux, plus la détermination à bannir les athlètes russes et biélorusses s'affaiblit. Cependant, si les Ukrainiens mettent à exécution leur menace de boycott, le CIO, promoteur de la paix par le sport, et la France, pays des droits de l'Homme, pourront difficilement ne pas prendre le parti de l'Ukraine.

Les Jeux olympiques : une vitrine au service des États et des nations

Comme le dit Pascal Gillon dans son article, le sport, qui est un affrontement symbolique, se prête bien à la manipulation de la part de certains acteurs. À partir d'une déconstruction du système olympique qui a développé les Jeux, manifestation la plus médiatisée au monde[7], on peut analyser le rôle de chaque acteur et voir comment ils utilisent le sport à des fins de relations internationales. En tout premier lieu, le CIO qui veut être reconnu comme un acteur qui compte dans les relations internationales ; puis il y a les sponsors et les diffuseurs qui profitent de cette vitrine exceptionnelle pour conforter leur image et leur marché ; une sphère de régulation rassemblant entre autres le Tribunal arbitral du sport (TAS) et l'Agence mondiale antidopage (AMA) qui assurent le sérieux et l'honnêteté de la compétition ; et enfin des acteurs extérieurs qui utilisent cette scène médiatique planétaire à des fins géopolitiques, dont les États, des ONG ou, plus dramatiquement, des groupes terroristes comme aux Jeux d'été de Munich en septembre 1972 où un commando terroriste palestinien « Septembre noir » avait pris en otages et tué onze Israéliens et un policier allemand.

On sait que les États utilisent le sport afin de distiller des messages vis-à-vis de leur population et de la communauté internationale. Le Qatar en est l'exemple le plus emblématique, utilisant le sport pour, au niveau planétaire, se faire connaître, voire reconnaître, comme un État qui compte tout en soignant son image, stratégie

Hérodote, n° 192, La Découverte, 1er trimestre 2024.

7. Les Jeux olympiques sont la manifestation planétaire la plus médiatisée. La retransmission à la télévision des cérémonies d'ouverture et de fermeture et de certaines épreuves sportives est le programme qui attire le plus grand nombre de téléspectateurs au monde. On prévoit 4 milliards de téléspectateurs pour Paris 2024 et 13 millions de spectateurs.

imitée par les autres États du Golfe. Le Qatar vient ainsi d'officialiser sa candidature aux Jeux olympiques d'été de 2032, sans apparemment se poser la question des températures caniculaires, à moins que les Jeux n'aient lieu en novembre comme ce fut le cas pour la Coupe du monde de football en décembre 2022.

Nombreux sont les États qui souhaiteraient pouvoir utiliser la scène médiatique planétaire des Jeux olympiques pour se faire connaître et reconnaître, à l'exemple du Qatar, mais peu en ont les moyens financiers. En revanche, le CIO a le pouvoir d'admettre des entités qui ne sont pas (encore) des États, telles que la Palestine, dont le Comité national olympique a été reconnu par le CIO en 1995, soit trois ans après les accords d'Oslo. Mais ce n'est qu'en 2012 que le Comité olympique de Palestine a pu défiler sous sa propre bannière aux Jeux olympiques de Londres. Au cours des deux années précédentes, sous l'égide du CIO, les Comités nationaux olympiques d'Israël et de la Palestine avaient collaboré afin d'améliorer la libre circulation des athlètes, entraîneurs et officiels palestiniens et les équipements sportifs dans et en dehors des territoires palestiniens. Comme l'a déclaré le président du Comité international olympique, le CIO a l'avantage d'appliquer de longue date dans le conflit israélo-palestinien la « solution à deux États », lui permettant d'avoir des « contacts directs » avec les deux parties[8].

En 2016, le CIO a reconnu le CNO du Kosovo, alors que le Conseil de sécurité de l'ONU a bloqué l'adhésion du Kosovo du fait du veto de la Chine et de la Russie bien que plus de 100 États aient reconnu son indépendance. Pauline Soulier montre dans son article comment les autorités kosovares utilisent le sport pour développer le sentiment national kosovar en cherchant à rassembler toute la population, y compris la minorité serbe, dans la nation sportive kosovare, en particulier grâce aux victoires dans des compétitions internationales de judokas. La maxime de Guillaume d'Orange « il n'est pas nécessaire d'espérer pour entreprendre ni de réussir pour persévérer » peut s'appliquer au Kosovo au vu des tensions avec la Serbie et la minorité serbe kosovare à la suite des élections municipales au printemps 2023.

Les Jeux méditerranéens[9] qui se sont déroulés en 2018 à Tarragone en Espagne sont un autre exemple de l'utilisation d'une compétition sportive à des fins géopolitiques. Les Jeux méditerranéens sont reconnus par le CIO et se déroulent aussi tous les quatre ans. L'article d'André Suchet démontre comment l'organisation a profité de ces Jeux en terre catalane pour mettre en scène la vitalité du nationalisme espagnol.

8. Déclaration du président du CIO à Paris, rapporté par *Ouest-France*, 28/11/2023.

9. Au même titre que les Jeux africains, les Jeux asiatiques, les Jeux panaméricains, les Jeux des îles de l'océan Indien ou encore les Jeux du Pacifique.

Hérodote, n° 192, La Découverte, 1er trimestre 2024.

Un acteur nouveau et inattendu dans le monde du sport : l'islamisme

Cet article de Médéric Chapitaux et Pierre Terral ne traite pas directement de l'Olympisme, mais il a été retenu pour son approche inédite, l'analyse de l'immixtion islamiste dans le champ du sport. Quelle en est la perception des services de renseignement et comment prévenir cette menace dans les clubs ? Cet article présente les outils utilisés par les forces de sécurité pour identifier et graduer cette menace dans ce secteur éducatif. Dernier avatar en date du sport comme vecteur politique.

De façon inattendue, la France obtiendra officiellement en juillet 2024 l'organisation des Jeux olympiques d'hiver de 2030, soit six ans seulement après les Jeux de Paris, et trente et un ans après les Jeux d'Alberville. Il n'y a plus de suspens sur ce choix car la France est la seule candidature encore en lice en novembre 2023 puisque les dossiers de la Suède et de la Suisse ont été écartés par les membres du CIO. Si les porteurs du projet, les présidents des régions Auvergne-Rhône-Alpes et PACA, le président de la République et des sportifs se félicitent de cette décision, d'autres voix s'élèvent pour juger irresponsable l'organisation de ces Jeux olympiques d'hiver compte tenu du réchauffement climatique. Les premiers promettent des Jeux « sobres et responsables, les premiers JO durables » et au budget raisonnable grâce à la réutilisation des équipements des JO d'Albertville. Les seconds s'insurgent sur le maintien de cette compétition dont il est légitime de se demander si elle a encore de l'avenir alors que la neige artificielle devra sûrement pallier l'absence de neige naturelle, aggravant le bilan carbone de ces Jeux d'hiver. On peut se demander si *business is business as usual* ?

Ce numéro a été proposé et réalisé avec la collaboration d'André Suchet.

Hérodote, n° 192, La Découverte, 1er trimestre 2024.

La lutte pour la gouvernance du sport mondial

Jean-Loup Chappelet[1]

Depuis sa création en 1894, le Comité international olympique (CIO) a attribué les éditions des Jeux olympiques rénovés (ci-après Jeux) d'abord à des villes d'Europe et des États-Unis, puis du monde entier à partir de 1956 (*cf.* carte 1). Mais le CIO a peu à peu souhaité gouverner le sport mondial. Ce rôle autoproclamé se révèle de plus en plus effectif du fait des ressources financières considérables qu'il a accumulées depuis la fin du XXe siècle grâce aux droits de diffusion et de commercialisation des Jeux.

Néanmoins, tout au long du XXe siècle, les fédérations sportives internationales (FI) ont contesté ce rôle. En effet, elles se voient plus légitimes que le CIO puisqu'elles gouvernent chacune leur sport toute l'année et ne s'occupent pas seulement des Jeux tous les quatre ans. De plus, au fur et à mesure que les Jeux prenaient de l'importance, diverses organisations intergouvernementales ont aussi prétendu mieux gouverner le sport mondial qu'une association de particuliers dont le siège est à Lausanne en Suisse (le CIO).

Cet article retrace la lutte post-Seconde Guerre mondiale entre ces trois importantes parties prenantes, à savoir le CIO, les FI et des organisations intergouvernementales, pour la gouvernance d'un phénomène autrefois perçu comme très positif et qui souffre au tournant du siècle de dérives préoccupantes. D'autres parties prenantes récemment apparues dans le sport mondial sont évoquées en conclusion.

L'article est organisé selon trois grandes périodes historiques et s'appuie sur des recherches détaillées de spécialistes de ces périodes dûment cités. La première

1. Professeur honoraire de l'université de Lausanne (Suisse).

Hérodote, n° 192, La Découverte, 1er trimestre 2024.

CARTE 1. – GÉOGRAPHIE DES VILLES OLYMPIQUES

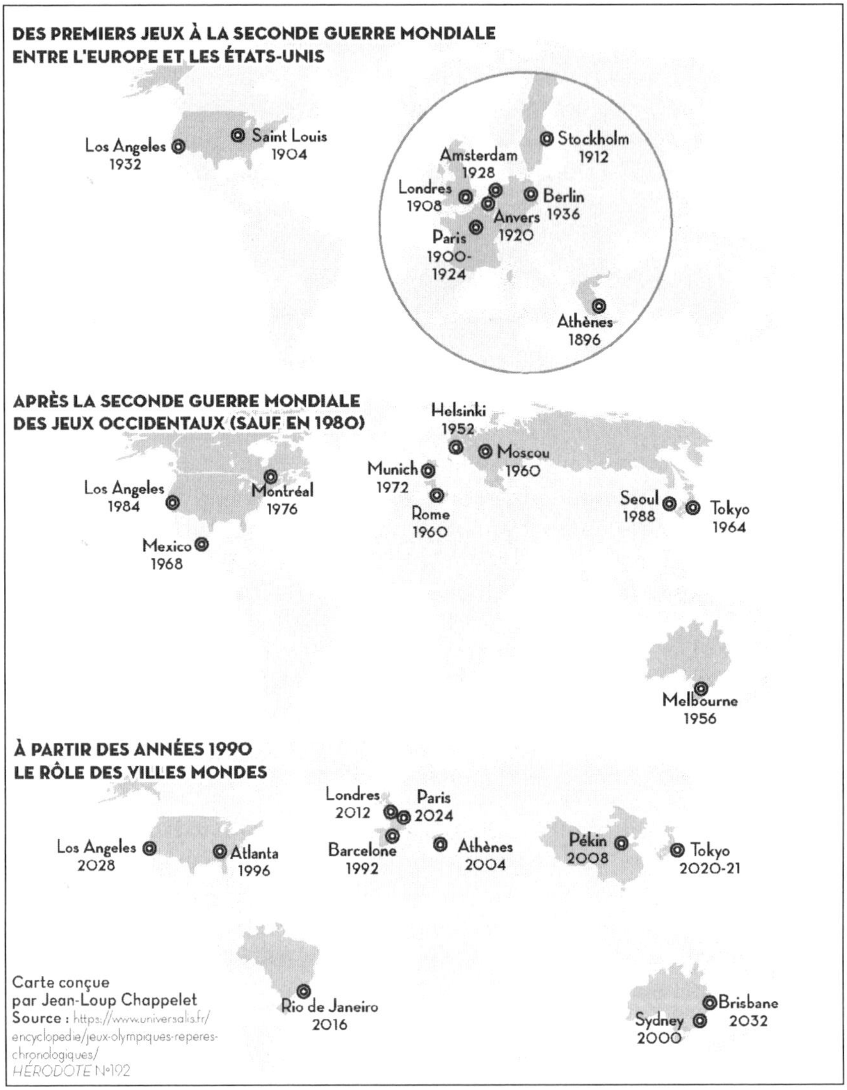

Hérodote, n° 192, La Découverte, 1er trimestre 2024.

période va de 1945 au début des années 1970. La fin du XXe siècle constitue la deuxième période (1973-2000). La situation de la gouvernance du sport mondial au début du siècle est l'objet de la troisième période, tandis que la conclusion évoquera le futur de la gouvernance du sport mondial. Une telle vue d'ensemble sur plus de quatre-vingts ans est inédite et permet de mieux comprendre des questions actuelles de géopolitique sportive comme la situation des athlètes russes aux Jeux de Paris 2024 ou la montée en puissance des pays du Golfe dans le sport mondial.

Les lendemains de la Seconde Guerre mondiale (1945-1972)

Dès la fin de la Seconde Guerre mondiale, le CIO s'empresse de reprendre le cycle des Jeux d'été et d'hiver avec Londres et Saint-Moritz en 1948 (sans les équipes d'Allemagne et du Japon), Helsinki et Oslo en 1952.

En 1952, le CIO élit un nouveau président en la personne de l'Américain Avery Brundage, un défenseur acharné de l'amateurisme. Cette année-là marque aussi l'arrivée aux Jeux de l'Union des républiques socialistes soviétiques (URSS) alors qu'elle s'en était tenue à l'écart depuis la révolution bolchevique, essayant même de créer des Jeux alternatifs avec ses « spartakiades ». Toutes les FI acceptent progressivement les athlètes soviétiques dans leurs compétitions. À Helsinki, l'URSS est deuxième au tableau des médailles derrière les États-Unis.

L'arrivée de l'URSS et de ses satellites a poussé le CIO en 1949 à exiger dans les règles olympiques (aujourd'hui Charte olympique) que les CNO soient « indépendants et autonomes », c'est-à-dire n'acceptent aucune interférence de leurs gouvernements respectifs. Cette notion d'autonomie – ancienne, mais jusque-là non formalisée – deviendra sacro-sainte dans le Mouvement olympique [Chappelet, 2010]. Elle est aujourd'hui précisée dans le cinquième principe fondamental et plusieurs règles de la Charte olympique.

La guerre froide s'installe dans le sport mondial et les États-Unis – jusque-là non interventionnistes – utilisent dès 1956 les éditions successives des Jeux pour promouvoir leur modèle politique [Rider, 2016]. Ils s'accommodent parfaitement de la gouvernance partagée du sport mondial par les FI et le CIO (d'autant plus qu'un de leurs citoyens le préside). Le sport devient pleinement un enjeu diplomatique au travers des questions politiques de l'après-guerre [Dichter, 2021].

Le sport, un enjeu de pouvoir

En 1945, un nouvel ordre mondial se met en place sous l'égide de l'ONU. Peu de temps après est créée l'UNESCO (Organisation des Nations unies pour l'éducation, la science et la culture), dont le siège est fixé à Paris et qui acquiert

Hérodote, n° 192, La Découverte, 1er trimestre 2024.

rapidement un grand prestige. Le vice-président français du CIO, Armand Massard, établit des contacts avec elle car il voit qu'elle peut s'impliquer dans le sport comme moyen d'éducation et de culture (physique), un des principaux objectifs de Pierre de Coubertin. Mais il est désapprouvé par Brundage qui est un ferme opposant à l'implication des gouvernements dans le sport. De plus, les directeurs généraux de l'UNESCO à ses débuts ne sont pas très intéressés. Ils lancent simplement quelques enquêtes et organisent des conférences sur le rôle du sport dans l'éducation [Meier, 2017].

Cette position change avec l'arrivée en 1961 à la direction générale du Français René Maheu. Il souhaite une coopération avec le CIO, mais faute de répondant sous la présidence Brundage, il travaille avec le Conseil international pour l'éducation physique et la science du sport (CIEPS), créé quelques années plus tôt [Jedickla, 2020]. L'UNESCO soutient la création, en 1963, d'un Comité international pour le fair-play qui commence à attribuer des prix du fair-play Coubertin au grand dam du CIO [Meier, 2017, p. 238]. Un conflit larvé s'installe entre l'UNESCO et le CIO [Jedickla, 2020]. Il est exacerbé par des difficultés internes au Mouvement olympique sur fond de contestation de Brundage qui est perçu comme trop rigide sur l'amateurisme et d'autres sujets comme la participation aux Jeux des deux Allemagnes, des deux Corées, des deux Chines, ou encore des pays de l'apartheid.

En 1959, Konstantin Andrianov, un des deux membres du CIO cooptés pour l'URSS en 1951, a proposé une réforme du CIO basée sur le modèle de l'ONU où chaque CNO aurait une voix. Ce projet a été rejeté. En 1961, Andrianov – qui est élu l'année suivante à la commission exécutive – propose la création d'une Commission d'aide internationale olympique (CAIO) qui est le précurseur de la Solidarité olympique, l'actuel département du CIO qui redistribue la part des revenus des Jeux attribuée aux CNO. L'URSS joue la carte de ce qu'on appelait alors le tiers monde.

Dans ce tiers monde, des pays dits « non alignés » s'organisent après la conférence de Bandung (Indonésie) en 1955 qui réunit des leaders politiques comme Nasser, Nehru, Sukarno et Zhou Enlai. En 1962, l'Indonésie refuse d'admettre Taïwan et Israël (deux CNO reconnus par le CIO) au quatrième Jeux asiatiques qu'elle organise cette année-là[2]. Le CIO suspend alors le CNO indonésien, empêchant ainsi toute participation du pays aux Jeux olympiques, notamment ceux prévus à Tokyo 1964. L'Indonésie réactive alors un ancien projet de Sukarno et organise en novembre 1963 les premiers GANEFO (Games of the New Emerging Forces – Jeux des nouvelles forces émergentes). Une cinquantaine

2. En 2023, l'Indonésie a renoncé à la dernière minute aux Jeux de plage de l'Association des CNO car elle ne voulait pas y inviter Israël.

de pays d'Asie, d'Afrique et d'Amérique latine sont présents, mais pas toujours avec leurs meilleurs athlètes comme l'URSS qui craint des disqualifications pour Tokyo 1964, mais ne veut pas laisser le champ libre à la République populaire de Chine qui refuse à cette époque de participer aux Jeux. Les deuxièmes GANEFO seront réservés à l'Asie, puis ces Jeux alternatifs disparaîtront [Lutan et Fan, 2005]. Le CNO indonésien sera réintégré pour Mexico 1968.

Ces développements galvanisent les CNO qui sont de plus en plus nombreux avec la décolonisation (ils doublent en nombre entre Londres 1948 et Munich 1972) et qui veulent avoir voix au chapitre. En 1965, réunis sous l'égide du riche CNO italien à Rome, ils créent l'Assemblée générale des CNO (AGCNO) contre l'avis de Brundage. De même, deux ans plus tard, les FI créent à Lausanne l'Assemblée générale des FI (rebaptisée en 1976 AGFIS – Association générale des FI sportives) sauf celle d'athlétisme[3]. AGCNO et AGFI sont autant de concurrents du CIO pour la gouvernance du sport mondial. L'AGFI installe rapidement son siège à Monaco pour s'éloigner du CIO dont le siège est à Lausanne. La première revendication des FI et des CNO est d'organiser un congrès olympique pour discuter des nombreuses questions en cours (la tradition coubertinienne des congrès olympiques s'était arrêtée en 1930). Le nouveau congrès aura lieu en 1973, après le départ de Brundage qui a été remplacé à la présidence du CIO par un lord irlandais, Michael Killanin, après les Jeux de Munich 1972.

La fin de siècle olympique (1973-2000) : exacerbation des rivalités de pouvoir

Le dixième congrès olympique s'ouvre à Varna (Bulgarie) en septembre 1973. Le Suisse Thomas Keller, qui est alors président de l'AGFI, se charge de présenter les revendications des FI. Il n'a pas été coopté au CIO en 1969 contrairement à ce que beaucoup pensaient. Dans son discours de Varna, Keller critique ouvertement la position du CIO sur l'amateurisme, pour lui irréaliste, le manque de définition claire des critères permettant à un sport d'accéder aux Jeux, l'incompétence de certains administrateurs sportifs et le gigantisme des Jeux et de leurs cérémonies. Il déclare que le CIO doit s'aligner sur le sport tel qu'il est dirigé par les FI. Il va jusqu'à dire que le Mouvement olympique ne fait qu'organiser un évènement sportif tous les quatre ans, contrairement aux FI qui gouvernent leurs sports toute l'année [Owen, 2018, p. 92-97]. Sous la présidence Killanin, les règles d'amateurisme seront peu à peu abandonnées et le mot « amateur » disparaîtra de la Charte olympique. De plus, le groupe de travail CIO-FI-CNO qui avait préparé

3. Un regroupement imaginé dès 1921 sous le nom de Bureau permanent des FI sportives.

Hérodote, n° 192, La Découverte, 1er trimestre 2024.

le congrès et dont faisait partie Keller subsistera sous le nom de « commission tripartite ». Keller sera aussi nommé à la commission du CIO pour le programme olympique qui propose quels sports, disciplines et épreuves sont organisés aux Jeux. Thomas Keller devient l'homme fort du sport mondial et renforce le pouvoir des FI [Krieger et Duckworth, 2023].

À l'UNESCO, René Maheu a été remplacé en 1974 au poste de directeur général par le Sénégalais Amadou-Mahtar M'Bow qui veut mieux impliquer le tiers monde dans la gouvernance du sport mondial qu'il trouve trop eurocentrée. L'UNESCO organise en 1976 à Paris la première conférence des ministres et hauts fonctionnaires responsables de l'éducation physique et du sport (connue sous le sigle de MINEPS I). Le président du CIO y donne un discours en ouverture après celui du directeur général et du secrétaire d'État français chargé de la jeunesse et des sports. Killanin prône la coopération entre le CIO et l'UNESCO tout en faisant une claire distinction entre sport de compétition et sport de masse (ou « sport pour tous » comme on dit de plus en plus à l'époque), entre sport d'élite et éducation physique et sportive (EPS). Le CIO est très inquiet d'une implication coordonnée par l'UNESCO des gouvernements dans le sport et de la menace qui en découlerait pour son autonomie, ainsi que pour celle des CNO et des FI [Jedickla, 2020, p. 30].

À la suite de cette conférence sont créés, en 1978, un Comité intergouvernemental pour l'éducation physique et le sport (CIGEPS), composé de 18 États membres de l'UNESCO élus pour quatre ans par l'assemblée générale, et un Fonds international pour le développement de l'éducation physique et du sport (FIDEPS) chargé de recevoir des dons pour réaliser des projets. Ce fonds ne sera jamais fortement abondé. Dans la foulée, en 1978, l'UNESCO adopte une Charte internationale de l'éducation physique et du sport en préparation de longue date. Bien que cette charte soit non contraignante, elle montre la volonté de l'UNESCO de s'imposer dans la gouvernance du sport mondial. La même année, le CIO rebaptise pour la première fois le document qui regroupe les principales règles olympiques sous le nom de « Charte olympique ».

Une autre organisation intergouvernementale de 47 États commence aussi à sérieusement s'intéresser au sport : le Conseil de l'Europe. Il initie en 1973 un forum est-ouest pour discuter du sport d'élite et du sport pour tous sous le nom de « Conférence européenne sur le sport » dans le cadre de la Conférence sur la sécurité et la coopération en Europe (aujourd'hui OSCE) [Scholl, 2018]. Il organise des réunions des ministres européens du sport. La première de ces réunions, en 1975, adopte comme recommandation (non contraignante) une charte européenne du sport pour tous qui est révisée en 1991 et 2001 sous l'appellation de « Charte européenne du sport ». Elle reconnaît l'autonomie des organisations sportives dans le cadre de l'État de droit. Son article 3 précise aujourd'hui que : « Les organisations du mouvement sportif [...] bénéficient de mécanismes de décision autonomes

Hérodote, n° 192, La Découverte, 1er trimestre 2024.

et devraient choisir leurs dirigeants de façon démocratique, conformément aux principes de bonne gouvernance.» Finalement, le Conseil prépare trois traités qui seront ratifiés par de nombreux États membres (et aussi quelques États non membres) contre la violence et les débordements de spectateurs (en 1985, totalement révisée en 2016), contre le dopage (1989) et finalement, durant la période suivante, contre la manipulation des compétitions sportives (2014).

De son côté, le CIO rencontre des difficultés importantes avec les Jeux olympiques, notamment le terrorisme (à Munich 1972) et des boycotts lourds (à Montréal 1976 et Moscou 1980). En revanche, des revenus conséquents reviennent au CIO grâce aux droits de diffusion des Jeux. Les FI et les CNO obtiennent une partie de ces revenus qui bénéficiaient alors essentiellement aux Comités d'organisation locaux (COJO). À la fin de la décennie, en 1979, la République populaire de Chine rejoint le Mouvement olympique au vu de l'importance prise par les Jeux tout en acceptant – cas unique dans le système international – qu'un CNO soit maintenu à Taïwan sous le nom de «Taipei de Chine». Elle participera aux Jeux pour la première fois à Lake Placid 1980 (hiver) et Los Angeles 1984 (après avoir boycotté les Jeux d'été de Moscou 1980).

Sous la présidence Samaranch la prééminence du CIO s'affirme

À Moscou 1980, l'Espagnol Juan Antonio Samaranch est élu président du CIO. Il va révolutionner le système olympique [Chappelet, 2014]. Il entreprend de visiter tous les CNO et demande à chaque fois de rencontrer le chef d'État ou de gouvernement pour souligner l'appui indispensable des autorités publiques pour le développement du sport et des Jeux. Il veut d'abord diminuer l'influence de l'AGFIS et de Thomas Keller (qui le traite de «Napoléon du sport»). Comme le principal rôle de l'AGFIS est alors de discuter de la répartition entre FI de leur part des revenus de la diffusion des Jeux, il décide de favoriser la création en 1983 de deux associations séparées, une pour les 21 FI alors au programme des Jeux d'été (connue sous son sigle anglais d'ASOIF – Association of Summer Olympic International Federations), l'autre pour les 7 FI au programme des Jeux d'hiver (AIOWF). La répartition entre FI suscite en effet de difficiles discussions. De plus, Samaranch coopte certaines FI en faisant passer sous sa présidence le nombre de sports/FI au programme des Jeux d'été de 21 à 28 (ajouts successifs du tennis, tennis de table, badminton, baseball, softball, triathlon, taekwondo, sans parler de l'inclusion de disciplines contrôlées par une FI déjà olympique comme le volley de plage, le VTT, le surf des neiges ou le patinage sur piste courte).

Les athlètes professionnels sont progressivement autorisés à participer aux Jeux comme en tennis ou basketball, à la discrétion des FI qui réclamaient de longue

Hérodote, n° 192, La Découverte, 1er trimestre 2024.

date un abandon des anciennes règles d'amateurisme. Ces réformes satisfont les FI et le bloc occidental. Elles sont facilitées par l'arrivée à leur tête de présidents latins qui s'entendent bien avec Samaranch (João Havelange au football dès 1974, Ruben Accosta au volleyball dès 1984 et, surtout, Primo Nebiolo à l'athlétisme dès 1981 qui devint le premier président de l'ASOIF). Pour couronner le tout, le Mexicain Mario Vázquez-Raña prend en 1979 pour plus de trente ans la présidence de l'AGCNO qui se rebaptise Association des comités nationaux olympiques (ACNO) et ne contestera pas la prééminence du CIO[4].

Keller meurt prématurément en 1989, peu après avoir démissionné de la présidence de l'AGFIS. Il est remplacé par le Coréen Kim Un-yong, président de la FI de taekwondo et membre du CIO, qui dirige mollement l'association.

Les Jeux de Los Angeles 1984 ont été un grand succès malgré un boycott du bloc soviétique (sauf Roumanie), notamment financier (plus de 230 millions de dollars de bénéfices redistribués en partie aux CNO). À leur suite, le CIO fonde le programme de sponsoring international baptisé TOP (aujourd'hui, The Olympic Partners) et, dès 1992, encaisse directement les droits de diffusion ensuite redistribués en partie. Les droits de sponsoring – faibles au début – sont partagés avec les CNO (notamment celui des États-Unis d'où proviennent la plupart des premiers sponsors TOP), puis ensuite avec les FI (sur pression de Nebiolo qui devient membre du CIO en 1992).

Du côté de l'UNESCO, le directeur général M'Bow est affaibli à cause de son orientation tiers-mondiste et de son insistance pour la création d'un « nouvel ordre mondial de l'information et de la communication ». Il doit assumer les retraits successifs de l'organisation des États-Unis (1984) et du Royaume-Uni (1985). L'Espagnol Frederico Mayor Zaragosa est élu directeur général en 1987 et le restera jusqu'en 1999. Samaranch s'entend beaucoup mieux avec lui et l'UNESCO cherche moins à s'immiscer dans la gouvernance du sport mondial. Les MINEPS II (Moscou 1988) et III (Punta del Este, Uruguay, 1999) se concentrent sur l'EPS et le sport pour tous. Les moyens manquent pour mobiliser les États membres. Toutefois, pour ne pas laisser le champ libre à l'UNESCO, Samaranch crée une commission du CIO « Sport pour tous » en 1984. Le CIO de Samaranch se tourne plus vers l'ONU que vers son agence spécialisée, l'UNESCO.

4. L'ACNO reprendra une certaine importance avec son nouveau président koweitien élu en 2012, mais souffrira des problèmes judiciaires de son dirigeant en 2018. En 2021, le CIO réduira des trois quarts sa subvention annuelle. En 2023, le CIO ne reconnaîtra pas l'élection de son nouveau président.

Hérodote, n° 192, La Découverte, 1er trimestre 2024.

Le CIO : acteur géopolitique

Pour la première fois depuis toujours, tous les pays se retrouvent à Barcelone 1992, y compris l'Afrique du Sud qui a abandonné l'apartheid, la communauté des États indépendants (CEI) qui résultent de l'éclatement de l'URSS et les athlètes dits « indépendants » de Serbie après accord de l'ONU qui imposait alors des sanctions à l'ex-Yougoslavie. Les symboles de l'Union européenne sont utilisés lors des cérémonies d'ouverture des Jeux d'été à Barcelone et d'hiver à Albertville qui ont lieu dans l'Union européenne (UE) et, pour la dernière fois, la même année. Les Jeux sont désormais universels et le CIO reconnu comme un acteur géopolitique [Peacock, 2010].

À partir du cas Bosman (1995), l'UE, forte de l'importance de son marché, oblige les organisations sportives à adapter leurs règles au droit européen de la libre circulation et de la concurrence. Mais un lobbying du CIO, des CNO européens, des FI et de leurs branches continentales fait que l'UE déclare en 2007, dans la révision de son traité fondamental, contribuer à « la promotion des enjeux européens du sport, tout en tenant compte de ses spécificités, de ses structures fondées sur le volontariat ainsi que de sa fonction sociale et éducative » (article 165), sans donc contester le rôle des organisations sportives internationales traditionnellement basées en Europe dans la gouvernance du sport mondial, même si certains l'espéraient [Foster, 2005].

Dès 1991, à l'occasion d'une refonte majeure de la Charte olympique, le CIO s'autodésigne comme « l'autorité suprême du Mouvement olympique » (principe fondamental 3 de la Charte olympique). Il reformule son rôle pour indiquer sa contribution à la gouvernance du sport mondial :

> Le rôle du CIO est de diriger la promotion de l'Olympisme en accord avec la Charte olympique. À cet effet, le CIO :
>
> 1 - encourage la coordination, l'organisation et le développement du sport et des compétitions sportives ;
>
> 2 - collabore avec les organisations et autorités publiques ou privées compétentes aux fins de mettre le sport au service de l'humanité ;
>
> 3 - assure la célébration régulière des Jeux olympiques [...] (règle 2).

La mise des Jeux au troisième rang seulement des rôles que s'assigne le CIO date des années Killanin (1972-1980) mais, pour la première fois, la collaboration avec les autorités publiques (ou privées comme les FI, les sponsors, etc.) est mentionnée comme le deuxième rôle du CIO.

Hérodote, n° 192, La Découverte, 1er trimestre 2024.

Les débuts du XXIe siècle en géopolitique sportive (2001-2024)

À la fin de l'année 1998, éclate le scandale dit « de Salt Lake City ». Le comité de candidature de cette ville élue en 1995 pour les Jeux d'hiver de 2002 a fait bénéficier une trentaine de membres du CIO d'avantages indus vus comme autant de pots-de-vin pour les convaincre d'attribuer les Jeux à cette ville américaine. Le scandale est immense. Après enquête interne, le CIO exclut six membres, quatre autres membres impliqués sont démissionnaires ou sont décédés. Il prononce des avertissements et des blâmes contre une dizaine d'autres. Beaucoup appellent à la démission du président Samaranch, mais celui-ci répond par une réforme profonde des statuts du CIO préparée par une commission baptisée « CIO 2000 » [MacAloon, 2011]. Sont ainsi introduits dès l'an 2000, entre autres, une limite du mandat du président à 12 ans (8 + 4 ans), une baisse de la limite d'âge des membres de 80 à 70 ans, une commission et un code d'éthique pour les membres et les CNO, une limite du nombre de membres à 115, une commission pour vérifier les antécédents des candidats à la cooptation, etc.

Contre-pouvoirs au CIO

Encore plus significatif, les FI obtiennent ce qu'elles demandaient depuis longtemps : 15 de leur dirigeants (presque toujours leurs présidents) peuvent être cooptés au CIO jusqu'à la fin de leur mandat à la FI. Il en va de même pour 15 présidents de CNO et 15 athlètes actifs dont douze sont élus pour huit ans par les athlètes participant aux Jeux et trois proposés par le président du CIO pour assurer une meilleure diversité que ne le permet une élection. Pour la première fois depuis sa fondation, le CIO introduit une forme de représentativité des FI et des CNO bien que limitée à 15 membres pour chacun alors qu'il existe une quarantaine de FI olympiques et plus de deux cents CNO. Il est vrai que les autres membres – 70 au maximum, un par pays – cooptés pour huit ans, et en général reconduits sauf comportement inadéquat de leur part, sont souvent issus des FI ou des CNO et sont d'anciens athlètes d'élite.

Alors que ces réformes se mettent en place, le CIO élit en 2001 un nouveau président en la personne du Belge Jacques Rogge devant le Coréen Kim Un-yong (qui avait failli être exclu lors du scandale de Salt Lake City) et le Canadien Richard Pound (que beaucoup voyaient déjà président mais qui n'avait pas le soutien de Samaranch). Pound se concentre alors sur l'Agence mondiale antidopage (AMA) qu'il préside de 1999 à 2007 et où il reste actif dix ans de plus. Cette agence a été créée à la fin du siècle quand le CIO était affaibli par le scandale de Salt Lake City et par l'affaire Festina sur le Tour de France. Il est

Hérodote, n° 192, La Découverte, 1er trimestre 2024.

alors obligé d'accepter la création d'une agence hybride où sont représentés à part égale les gouvernements et le système olympique (CIO, CNO et FI) alors qu'il envisageait une agence entièrement sous son égide qui aurait été dirigée par son président. L'AMA adopte en 2003 un code mondial qui, pour la première fois, unifie les règles antidopage pour tous les sports/FI et tous les pays [Demeslay, 2013]. Le CIO l'impose aux FI d'été et d'hiver pour les Jeux.

Pour que ce code s'applique dans le monde entier, il était nécessaire de disposer d'un instrument juridique contraignant. C'est l'occasion pour l'UNESCO de revenir sur le devant de la scène sportive. L'organisation adopte très rapidement en 2005 une convention internationale contre le dopage dans le sport, aujourd'hui ratifiée par presque tous les membres de l'ONU qui s'obligent ainsi à créer une agence nationale antidopage pour faire respecter le code, organiser des tests, accepter que les différends soient réglés par l'arbitrage de la CAS (Cour d'arbitrage du sport) basée hors de leurs pays, adapter leur éventuelle législation domestique au code, etc. Ce régime qui combine *hard law* (des États) et *soft law* (code de l'AMA et de la CAS) est unique dans le domaine de la gouvernance du sport mondial. D'autres conventions existent (contre la violence et contre la manipulation des compétitions), mais seulement au niveau européen (voir *supra*). Il existe bien une convention des Nations unies contre la corruption de 2003 qui peut s'appliquer au secteur sportif. Mais dans ce domaine, le CIO a préféré mettre sur pied un partenariat non contraignant (IPACS – International Partnership Against Corruption in Sport) pour stimuler la coopération entre lui, certains gouvernements et des organisations intergouvernementales : l'UNODC (Office des Nations unies contre la drogue et le crime, chargé de suivre la convention de 2003), l'OCDE (Organisation de coopération et de développement économiques qui s'intéresse aux évènements sportifs) et le Conseil de l'Europe qui multiplie des recommandations pour le sport à l'occasion de ses conférences biennales des ministres européens du Sport.

L'UNESCO organise de nouvelles conférences MINEPS : MINEPS IV à Athènes (2004, après les Jeux), MINEPS V à Berlin (2013), MINEPS VI à Kazan (Russie) en 2017 et MINEPS VII à Bakou (Azerbaïdjan) en 2023. Lors de cette dernière, il est proposé que les MINEPS soient annuelles et notamment en 2024 à Paris, au siège de l'UNESCO, à l'occasion des Jeux[5]. Cette proposition nécessitera d'identifier des États hôtes prêts à financer de telles réunions. Alors que les conférences précédentes avaient formulé d'intéressantes recommandations vis-à-vis des dérives du sport,

5. Geoff Berkeley, « Azerbaijan propose MINEPS to be held every year after successful Baku staging », *Inside the Games*, 3 juillet 2023, <www.insidethegames.biz/articles/1138595/azerbaijan-want-mineps-every-year>.

Hérodote, n° 192, La Découverte, 1er trimestre 2024.

notamment la taille et la durabilité des évènements sportifs, la conférence de Bakou s'est concentrée sur le programme « En forme pour la vie » (Fit For Life Alliance) visant à lutter contre l'inactivité physique, notamment des jeunes, confirmant ainsi le retour de l'UNESCO dans le domaine du sport pour tous plutôt que dans celui du sport d'élite. Cette orientation est d'ailleurs affirmée lors de la révision en 2015 de la charte de 1978 par son nouveau nom : Charte internationale de l'éducation physique, de l'activité physique et du sport. Lors de la révision de cette charte, l'UNESCO (2015) a refusé d'y mentionner la notion d'autonomie des organisations sportives chère au CIO.

Le CIO observateur à l'ONU

En revanche, l'assemblée générale des États membres de l'ONU a adopté en 2014 une résolution dans laquelle elle « appuie l'indépendance et l'autonomie du sport ainsi que la mission du Comité international olympique, qui est de conduire le Mouvement olympique » (point 8), résolution renouvelée en 2016 en y rajoutant le Comité international paralympique. En 2009, l'ONU avait déjà accordé un siège d'observateur permanent au CIO. Ce privilège rare n'est donné qu'à quelques organisations comme le Comité international de la Croix-Rouge, l'Autorité palestinienne et l'Ordre souverain de Malte. Il permet au CIO de désigner un de ses membres comme ambassadeur représentant permanent avec bureau au siège de l'ONU à New York, et au président du CIO de s'adresser à l'assemblée (notamment Thomas Bach dès son élection à la présidence du CIO en 2013). Il faut dire que depuis 1993, un an avant les Jeux d'hiver et d'été, à l'initiative de l'État hôte, l'assemblée générale de l'ONU adopte un appel solennel dit de la « trêve olympique[6] » qui enjoint aux États membres de cesser les hostilités pendant la quinzaine olympique, ainsi qu'une semaine avant les Jeux et une semaine après les Paralympiques, à l'instar de la trêve pratiquée dans l'Antiquité pour permettre aux athlètes de rejoindre Olympie pour participer aux Jeux antiques. Finalement, en 2017, l'ONU décide de supprimer son Bureau pour le sport au service du développement et de la paix (UNOSDP) fondé en 2001 pour soutenir le travail d'un conseiller spécial du secrétaire général pour le sport (poste qui disparaît) et de confier au CIO les efforts futurs dans ce domaine.

À la suite de ce rapprochement entre l'ONU et le CIO, le secrétaire général de l'ONU sera systématiquement invité à siéger à la droite du président du CIO

6. « Appel au respect de la trêve olympique à l'occasion des Jeux olympiques et paralympiques d'hiver de Beijing », communiqué du Secrétaire général, 28 janvier 2022, <www.un.org/sites/un2.un.org/files/olympic_truce_2022_fr.pdf>.

Hérodote, n° 192, La Découverte, 1er trimestre 2024.

lors des cérémonies d'ouverture des Jeux. De plus, l'ancien secrétaire général de l'ONU, Ban Ki-moon, devient président de la Commission d'éthique du CIO en 2017. Durant la pandémie de Covid-19, le CIO coopère étroitement avec l'Organisation mondiale de la santé (OMS). En ce début de XXIe siècle, l'UNESCO se trouve marginalisée du point de vue de la gouvernance du sport mondial sauf pour ce qui concerne la lutte contre le dopage.

En 2004, le CIO reformule à nouveau son rôle dans la règle 2 de la Charte olympique pour souligner sa contribution à une certaine idée du sport, bien au-delà des Jeux :

> Le rôle du CIO est :
>
> 1 – d'encourager et soutenir la promotion de l'éthique dans le sport ainsi que l'éducation de la jeunesse par le sport, et de s'attacher à ce que l'esprit de fair-play règne dans le sport et que la violence en soit bannie ;
>
> 2 – d'encourager et soutenir l'organisation, le développement et la coordination du sport et des compétitions sportives ;
>
> 3 – d'assurer la célébration régulière des Jeux olympiques ;
>
> 4 – de coopérer avec les organisations et les autorités publiques ou privées compétentes aux fins de mettre le sport au service de l'humanité et de promouvoir ainsi la paix [...]

Les fédérations internationales jouent leurs cartes dans la géopolitique sportive mondiale

Après les Jeux d'Athènes 2004, le CIO décide de réformer le programme olympique sur la base d'un rapport d'évaluation élaboré par son administration avec l'aide des FI et d'un vote des membres du CIO pour savoir si chaque sport/FI doit être maintenu aux Jeux. En 2005, les FI de baseball et de softball sont exclues des Jeux à partir de 2012. Celles de golf et de rugby sont incluses à partir de 2016. La FI de lutte frôle l'exclusion en 2013.

L'AGFIS n'a rien pu faire pour la défense des FI. En 2003, son président Kim Un-yong est accusé de corruption, puis emprisonné en Corée. Il est remplacé à la présidence de l'AGFIS par un de ses vice-présidents, également membre du CIO, le Néerlandais Hein Verbruggen, de façon intérimaire en 2004 puis définitive quelques années plus tard après avoir quitté la présidence de l'UCI (FI de cyclisme). Ce dernier organise dès 2003 une grande conférence annuelle des FI. La première a lieu à Madrid, puis à Lausanne, etc. Ces conférences ont un grand

Hérodote, n° 192, La Découverte, 1er trimestre 2024.

succès car Verbruggen s'entend avec son ami, alors président du CIO, pour que la commission exécutive du CIO s'y réunisse à cette occasion et que les (alors) nombreuses villes candidates à l'organisation des Jeux y présentent leurs projets. Verbruggen transforme l'AGFIS en une organisation au service de ses membres, les FI. Il crée par exemple un département antidopage et un département intégrité pour aider les FI qui n'ont pas les moyens d'employer des experts dans ces domaines. En 2009, l'AGFIS est rebaptisée « SportAccord » et rétablit son siège à Lausanne.

En plus des revenus importants pour l'AGFIS – jusqu'alors quasi inexistants – qui résultent de la conférence annuelle, Verbruggen propose de mettre sur pied une série de Jeux par types de sport, notamment pour les FI non olympiques (connus sous les noms anglais de Combat Games, Mind Games, Urban Games, Beach Games) [Clausen et Bayle, 2018]. Mais ces Jeux rencontrent assez peu de succès car ils trouvent peu de villes pour les organiser (elles doivent payer un honoraire à SportAccord), même si l'ACNO tente de reprendre à son compte les Beach Games. Malade, Verbruggen se retire de la présidence de SportAccord en 2012 (et meurt en 2017). Il est remplacé par le Roumain Marius Vizer, président de la FI de judo et réputé proche de Vladimir Poutine.

Ce dernier provoque le CIO en présence de son président lors de l'assemblée générale de SportAccord, en avril 2015 à Sotchi, en déclarant que le CIO est un organisme dépassé et pas du tout transparent. Il propose vingt points pour réformer le sport mondial (en clin d'œil à l'Agenda olympique 2020 qui vient d'être adopté à la suite de l'élection de Thomas Bach). Un de ces points consiste à organiser tous les quatre ans, les années paires entre deux Jeux olympiques, des Jeux multisports qui regrouperaient au même endroit différents championnats du monde des FI membres de SportAccord, une concurrence directe aux Jeux olympiques[7]. Plusieurs de ces points avaient déjà été évoqués par le président de l'AGFIS, Thomas Keller, lors du congrès olympique de Varna en 1973[8]. Le discours de Vizer est très mal accueilli. Dans les semaines qui suivent, la plupart des FI olympiques quittent SportAccord et son président doit démissionner.

Patrick Baumann, membre du CIO et secrétaire général de la FI de basketball, prend la présidence de SportAccord en 2016 et réforme l'organisation tout en la rebaptisant de son ancien sigle en anglais (GAISF), mais avec une autre signification : Global Association of International Sport Federations. Elle est

7. N. Butler, « Crash, bang, wallop as sports politics is turned on its head at SportAccord Convention », *Inside The Games*, 20 avril 2015. L'idée de championnats conjoints sera reprise par les Championnats européens qui ont réuni à Glasgow en 2018 et Munich en 2022 plusieurs championnats d'Europe existants pour mutualiser leur commercialisation.

8. D. Owen, « High drama on the shores of the Black Sea, or how Marius Vizer saved the triple jump », *Inside the Games*, 22 avril 2015.

Hérodote, n° 192, La Découverte, 1er trimestre 2024.

désormais composée de quatre groupes de FI : l'ASOIF, l'AIOWF, l'Association des FI reconnues par le CIO (ARISF) et toutes les autres FI membres de la GAISF (baptisée Alliance of International Members of Sport – AIMS). Chacune de ces associations dispose de deux membres au comité directeur de la nouvelle GAISF, l'un d'entre eux prenant la présidence tous les deux ans. Patrick Baumann (ASOIF) est le premier président. Il signe laborieusement un mémorandum avec le CIO, selon lequel une FI admise comme membre de la GAISF-AIMS est reconnue comme faisant partie de la communauté sportive mondiale. Baumann meurt prématurément en 2018 et est remplacé par Raffaele Chiulli (ARISF), puis par Ivo Ferriani (AIOWF) en 2021. Ce dernier, membre du CIO comme président de la FI de bobsleigh, provoque en 2022 la dissolution de la GAISF. Plusieurs membres de l'ARISF et d'AIMS s'y opposent sans succès. L'association SportAccord – qui organise toujours la conférence annuelle – reprend certaines activités de la GAISF.

Deux objectifs pour les FI : lutte contre la corruption et bonne gouvernance

Mais, en ce début de XXIe siècle, de nombreuses FI rencontrent des problèmes de corruption qui font des dégâts réputationnels (notamment en football, volleyball, patinage, boxe, biathlon, athlétisme, lutte, haltérophilie, etc.). En 2010, les Principes universels de base de bonne gouvernance du Mouvement olympique et sportif, adoptés au congrès olympique de 2009, sont rendus obligatoires par le code d'éthique du CIO, en particulier « transparence, responsabilité et obligation de rendre des comptes (*accountability*)[9] », code auquel sont désormais soumises les FI (ce qui n'était pas le cas quand ce code fut adopté pour la première fois en 1999).

En 2015, le président du CIO déclare que ces problèmes de corruption dans le sport ne sont plus acceptables (*« enough is enough*[10] ») et demande à l'ASOIF d'aider les FI à pratiquer une meilleure gouvernance. À cet effet, l'ASOIF crée un groupe de travail (*governance task force*) composé de présidents de FI, de représentants du CIO et d'universitaires qui élaborent un outil d'autoévaluation basé sur 50 indicateurs selon 5 dimensions (10 indicateurs par dimension). Chaque FI doit se donner une note de 0 à 4 pour chaque indicateur. Ces notes sont ensuite monitorées (confirmées, baissées ou augmentées) par le GTF avec

9. CIO, « Code d'éthique du CIO », *Éthique*, Lausanne, Comité international olympique, p. 14 et 18, 2022.

10. L'intervention extraterritoriale du ministère de la Justice des États-Unis (DoJ) dans l'arrestation et l'extradition d'une dizaine de dirigeants de la FIFA réunis en Suisse en 2015 se révèle décisive dans ce constat.

Hérodote, n° 192, La Découverte, 1er trimestre 2024.

l'aide d'un expert indépendant, puis additionnées[11]. Entre 2017 et 2022, l'ASOIF publie ainsi quatre revues de gouvernance des FI d'été aussitôt suivies par les FI d'hiver (membres de l'AIOWF), ainsi que par les FI membres de l'ARISF (sur un nombre réduit d'indicateurs). L'Assemblée parlementaire et les ministres du Sport du Conseil de l'Europe soutiennent ce travail qui montre, au fil des revues, une amélioration continuelle du score de gouvernance des FI qui participent toutes volontairement à ce projet mais qui, en même temps, perdent de leur autonomie managériale : ne pas suivre les principes et indicateurs de gouvernance de l'ASOIF n'est plus vraiment une option.

En 2021, les FI de boxe, d'haltérophilie et de pentathlon moderne voient leur reconnaissance provisoirement suspendue en vue des Jeux de Los Angeles 2028 pour diverses raisons liées à la gouvernance de leur sport (notamment dopage, finance et jugement). En 2023, le CIO retire même sa reconnaissance à la FI de boxe (et donc sa possibilité de sanctionner les compétitions olympiques) pour des problèmes financiers, d'intégrité et de gouvernance qu'il dénonçait depuis 2017. Trois autres FI sont reconnues pour Los Angeles 2028 (escalade, skateboard et surf) et une pour Milano-Cortina 2026 (ski-alpinisme). Le but est de rajeunir le programme olympique plus rapidement que sous la présidence Rogge tout en offrant des perspectives aux FI reconnues (membre de l'ARISF). Il faut en effet être une FI reconnue pour être proposée comme « sport additionnel » aux Jeux par un COJO. En 2023, l'ASOIF – qui devient une sorte de porte-parole des FI – demande au CIO une augmentation de la somme à répartir entre les FI d'été à la suite de Paris 2024 (par rapport aux sommes versées après Rio 2016 et Tokyo 2020)[12].

Il n'est plus question de congrès olympique avec les FI et les CNO. Dès son élection en 2013, Thomas Bach institutionnalise, à la fin de chaque année, à Lausanne, un « sommet olympique » auquel il invite les vice-présidents du CIO, les présidents des principales FI (athlétisme, football, natation...) et des principaux CNO (Chine, États-Unis, Russie...), ainsi que les présidents d'associations faîtières (ASOIF, AIOWF, ACNO...) et la présidente de la commission CIO des athlètes sans qu'aucune invitation ne soit garantie d'une année à l'autre. Durant ces sommets – sorte de nouvelle commission tripartite des années 1970-1980 – sont abordés les principaux thèmes de l'actualité du moment (dopage, manipulation, gouvernance, Jeux à venir...) sur la base d'un communiqué à finaliser pendant le sommet et publié à l'issue de la réunion d'un jour. À la suite de l'invasion russe de l'Ukraine, le sommet de 2022 esquisse une proposition pour que des athlètes

11. L'auteur est membre de ce GTF. <www.asoif.com/governance-task-force>.

12. Pour la répartition des revenus des Jeux entre FI et CNO, voir : Jean-Loup Chappelet, *La Communauté olympique, gouvernance d'un commun socioculturel global*, Paris, L'Harmattan, 2023.

Hérodote, n° 192, La Découverte, 1er trimestre 2024.

russes et biélorusses « neutres » puissent participer aux compétitions des FI, notamment celles qualificatives en vue des Jeux de Paris 2024 sans préjuger de la participation éventuelle de ces athlètes aux Jeux. Une « recommandation » *ad hoc* du CIO suivra et sera appliquée par la plupart des FI sauf celles d'athlétisme, de basketball, de football et quelques autres.

En plus des multiples règles de la Charte olympique et codes obligatoires pour les organisations du système, le CIO publie régulièrement des recommandations, référentiels, directives ou stratégies applicables au sport en général dans divers domaines : durabilité (2016), harcèlements et abus (2017), héritage (2017), commission d'athlètes (2019), droits de l'homme (2022). En ce début de XXIe siècle, on peut dire que le CIO a pris en charge la gouvernance du sport mondial grâce aux Jeux et aux ressources en partie redistribuées qu'ils génèrent, bien que les Jeux ne représentent finalement qu'une part limitée de l'univers sportif mondial.

Quelle gouvernance future du sport mondial ?

On a vu que la gouvernance du sport mondial a fait l'objet au cours des quatre-vingts dernières années d'une lutte intense entre le CIO, les FI et des organisations intergouvernementales (UNESCO, Conseil de l'Europe et UE). Aujourd'hui, le CIO est arrivé à une position dominante du fait de l'importance des Jeux olympiques auxquels toutes les FI veulent participer, et de l'appui de l'ONU grâce à diverses résolutions de son assemblée générale. De plus, la plupart des FI dépendent beaucoup financièrement du CIO *via* les montants qu'il leur verse à la suite des Jeux [13]. Certaines FI ont même dû emprunter pour assurer leur fonctionnement à la suite du report des Jeux de Tokyo 2020 à 2021 et donc des versements du CIO.

Mais l'histoire de la gouvernance du sport mondial n'est pas finie. Les puissantes multinationales qui financent totalement le sport mondial pourraient vouloir jouer un rôle plus important dans sa gouvernance, de même que les athlètes qui ne sont que très indirectement représentés par les FI. De plus, certains États veulent se profiler grâce au sport, notamment les pays du Golfe et la Russie qui marche ainsi dans les pas de l'URSS. Ce dernier pays veut voir se créer des Jeux des BRICS pour des athlètes de tous pays (à Kazan 2024) et des Jeux de l'OCS (Organisation de coopération Shanghai) qui réuniraient les membres de cet

13. ASOIF, *Future of Global Sport*, Lausanne, Association of Summer Olympic IFs, p. 36, 2019.

Hérodote, n° 192, La Découverte, 1er trimestre 2024.

organisme asiatique. Ces Jeux se positionneraient comme autant d'alternatives aux Jeux olympiques. Le président russe parle d'ailleurs de plus en plus ouvertement de remplacer le système sportif mondial (dominé par le CIO) par un autre[14].

En 2022, un membre du Parlement européen ressuscitait l'idée d'une « organisation mondiale contre la corruption dans le sport ». Cette idée proposée par de nombreux chercheurs et organisations depuis le début du XXIe siècle impliquerait la création d'une agence pour réguler le secteur sportif à l'instar de l'AMA pour ce qui est du dopage sportif[15]. Certains proposent un « Conseil international de gouvernance sportive » [Sugden *et al.*, 2023]. D'autres chercheurs mettent en avant un traité intergouvernemental sur le modèle des conventions de Genève qui ferait une place plus forte au CIO [Chappelet, 2018]. Le débat se poursuivra certainement durant tout le siècle actuel au rythme de l'importance socioéconomique que continuera probablement de prendre le sport.

Bibliographie

CHAPPELET J.-L. (2002), « L'Agence mondiale antidopage : nouvel acteur des relations internationales », *Relations internationales*, nº 111, p. 401.

— (2010), *L'Autonomie du sport en Europe*, Éditions du Conseil de l'Europe.

— (2014), « Une vie consacrée au sport : Juan Antonio Samaranch », *in* BAYLE E. (dir.), *Les Grands Dirigeants du sport*, Bruxelles, De Boeck, p. 237-252.

— (2018), « Quelle réforme pour la gouvernance du sport international », *Jurisport*, nº 191, novembre, p. 37-40.

— (2023), *La Communauté olympique, gouvernance d'un commun socioculturel global*, Paris, L'Harmattan.

CLAUSEN J. et BAYLE E. (2018), « Hein Verbruggen, bringing a corporate mentality to the governance of sport », *in* BAYLE E. et CLASTRES P. (dir.), *Global Sport Leaders*, Palgrave, p. 243-272.

DEMESLAY J. (2013), *L'Institution mondiale du dopage. Sociologie d'un processus d'harmonisation*, Paris, Éditions Pétra.

DICHTER H. (2021), « The diplomatic turn: the new relationship between sport and politics », *The International Journal of the History of Sport*, nº 38(2-3), p. 247-263.

14. TASS, « International sports organizations degrade due to politicization, says Putin », Russian News Agency, 16 août 2023, <https://tass.com/sports/1661399?mc_cid=f2e6e68ade&mc_eid=8bbaaf0584>.

15. Voir, par exemple, Jean-Loup Chappelet, « L'Agence mondiale antidopage : nouvel acteur des relations internationales », *Relations internationales*, nº 111, p. 401, 2002. Ou encore tout récemment : Hadrien Ghomi et Hubert Julien-Laferrière, « Rapport sur la géopolitique du sport : 28 propositions pour ouvrir une réflexion sur la création d'une agence internationale du sport », rapport pour l'Assemblée nationale [française], Paris, remis le 28 juin 2023.

Hérodote, nº 192, La Découverte, 1er trimestre 2024.

FOSTER K. (2005), « Alternative models for the regulation of global sport », *in* ALLISION L., *The Global Politics of Sport*, Routledge, p. 63-86.

JEDICKLA S. R. (2020), « Contested governance: UNESCO's role in international sport, 1952-78 », *Journal of Sport History*, printemps, p. 18-39.

KRIEGER J. et DUCKWORTH A. (2023), « Olympic infighting: An exploration of power games between leaders of International Sport Federations and the International Olympic Committee », *The International Journal of the History of Sport*.

LUTAN R. et FAN H. (2005), « The politicization of sport: GANEFO – A case study », *Sport in Society*, vol. 8, n° 3, p. 425-439.

MACALOON John J. (2011), « Scandal and governance: Inside and outside of the IOC 2000 Commission », *Sport in Society*, vol. 14, n° 3, p. 292-308.

MEIER C. (2017), « The early relationship between UNESCO and the IOC: Considerations, controversies and cooperation », *Diagoras: International Academic Journal on Olympic Studies*, n° 1, p. 229-248.

OWEN D. (2018), *Thomi Keller, A Life in Sport*, Independent Publishing Network.

PEACOCK B. (2010), « A virtual world government unto itself: Uncovering the rational-legal authority of the IOC in world politics », *Olympika*, XIX, p. 41-58.

RIDER T. C. (2016), *Cold War Games, Propaganda, the Olympics, and U.S. Foreign Policy*, University of Illinois Press.

SCHOLL S. (2018), « Cooperation and conflict. The case of the European Sports Conference in the 1970s and 1980s », *in* VONNARD P., SBETTI N. et QUIN G. (dir.), *Beyond Boycotts: Sport during the Cold War in Europe*, De Grutyer, p. 109-132.

SUGDEN J. T., SHEPS S. et SUGDEN J. (2023), « Assessing governance without government: A proposal for the International Council of Sport Governance », *International Journal of Sport Policy and Politics*.

UNESCO (2015), Révision de la Charte internationale de l'éducation physique et du sport (38C/47) juillet, point 1.4.

Hérodote, n° 192, La Découverte, 1er trimestre 2024.

Géopolitique du système olympique : reconnaissances, stratégies d'influence, conflits à l'aube des Jeux de Paris

Pascal Gillon[1]

Après une période d'accalmie aux Jeux olympiques (JO) dans les relations internationales (1988-2021), les organisateurs de Paris 2024 se trouvent confrontés à bien des dilemmes avec la guerre en Ukraine ou le conflit au Proche-Orient. Cette actualité internationale brûlante illustre la position d'équilibriste que va devoir tenir le monde sportif pour sauvegarder une image d'unité et d'universalité face à des forces externes très puissantes. Celles-ci ont intérêt à instrumentaliser cette manifestation qui offre une extraordinaire scène médiatique pour un « coût géopolitique » très modeste.

Doit-on écarter le pays agresseur pour le punir symboliquement, au risque de priver des athlètes d'une présence aux JO ? La menace du boycott par le pays agressé est-elle médiatiquement « rentable » ? Certains sportifs issus des pays favorables à la cause palestinienne pourront-ils affronter un athlète israélien sans pression gouvernementale ? Le risque d'un acte terroriste va-t-il gâcher la fête, en écho à Munich 1972 ?

Ces interrogations illustrent la dimension géopolitique du sport international et, pour bien comprendre ces enjeux et les rapports de forces qui les sous-tendent, il faut tout d'abord analyser le système olympique, composé de plusieurs « cercles » et se pencher sur les acteurs, et leurs stratégies. Le premier cercle est composé du Mouvement olympique (MO) organisé autour du Comité international olympique (CIO) qui, au travers de son droit de reconnaissance et la propriété des JO, contrôle

1. Maître de conférences en géographie, ThéMa, UMR6049 CNRS, université de Franche-Comté.

Hérodote, n° 192, La Découverte, 1er trimestre 2024.

la manifestation et redistribue la manne financière. Mais le monde sportif et les JO ne seraient rien sans l'apport financier des diffuseurs et des sponsors, qui constituent le second cercle, associés aux organes de régulation que sont le Tribunal arbitral du sport (TAS) et l'Agence mondiale antidopage (AMA). Les premiers mettent « l'essence dans le moteur » et les seconds sont présents pour garantir la probité des compétitions et donc garantir la valeur marchande du produit commercialisé.

Après avoir présenté le cœur du système qui n'est pas directement impliqué dans les relations internationales au sens propre, il est possible d'aborder le rôle que joue le CIO dans celles-ci. Apôtre de l'universalisme, il a été confronté à la réalité lorsqu'il s'est agi de sa politique de reconnaissance territoriale, la géographie sportive se confrontant à la géographie politique. Toutefois, sa stratégie de mondialisation de la fête a été un succès au prix de quelques compromis. Apolitique et promoteur de paix, seule ligne qui puisse l'« extraire » des tumultes géopolitiques, il est à l'origine de plusieurs initiatives/coups diplomatiques qui ont renforcé son statut international. D'ailleurs, sa relation avec l'Organisation des Nations unies (ONU) illustre une habileté politique certaine et la consolidation de sa position dans le système international.

Le rôle des États et d'organisations non gouvernementales (ONG), composant le troisième cercle, est enfin analysé à partir des concepts de reconnaissance, de soft power sportif et de « marketing d'embuscade ». Le fait d'accepter de se rencontrer est déjà symbolique, et s'est traduit par l'expression « diplomatie du ping-pong[2] ». Au-delà, la performance sportive a beaucoup servi d'étalon de la puissance d'un État ou de son modèle sociétal, notamment lors de la guerre froide, ce qui a déclenché différentes stratégies pour y parvenir. Enfin, le sport étant chargé d'une forte dimension émotionnelle, certains acteurs, dont les ONG, profitent de la vitrine médiatique pour délivrer leur message très politique et porter la contradiction au CIO et à son modèle ou pour s'attaquer à l'image de certains États lors des JO.

Le système olympique, acteurs et rapports de force

L'analyse des acteurs du système olympique et de leurs rapports doit s'inscrire dans deux temporalités. Un temps long, dans lequel s'insèrent les principales institutions sportives, piliers du mouvement sportif, CIO, fédérations sportives

2. Elle a été utilisée après le rapprochement opéré entre les États-Unis et la Chine à la suite de la visite de Nixon qui avait été précédée par une rencontre sportive entre pongistes chinois et américains.

Hérodote, n° 192, La Découverte, 1er trimestre 2024.

internationales (FI) et Comité national olympique (CNO), et un temps court qui revient tous les quatre ans, celui de la célébration des JO, où d'autres partenaires jouent aussi leur partition. C'est lors de cette brève période de surexposition médiatique que la lecture géopolitique est la plus instructive.

Le premier cercle : le Mouvement olympique

Le Comité international olympique, « autorité suprême » à la tête du Mouvement olympique

Créé en 1894, le CIO n'a eu de cesse de contrôler le mouvement sportif international qu'il a fortement contribué à développer. Le sport lui doit beaucoup sur le plan des idées, grâce à la contribution prolifique sur le sport et la pédagogie de Pierre de Coubertin, mais aussi sur le plan organisationnel puisque le CIO a posé les bases d'une organisation sportive internationale non gouvernementale. Parti le premier, créateur des JO, il s'est autoproclamé « autorité suprême du Mouvement olympique » dans la Charte olympique[3] et s'est attribué tous les pouvoirs[4] sécrétant une *lex olympica* [Latty, 2009]. Son emprise est totale grâce à son pouvoir de reconnaissance puisqu'il décide de l'entrée ou de l'exclusion des deux autres piliers du MO que sont les CNO et les FI. Il impose que leurs statuts, pratiques et activités soient conformes à la mise en œuvre du code mondial antidopage. Par ailleurs, il leur accorde l'accès aux JO, manifestation qui est sa propriété exclusive, et qui génère des sommes d'argent considérables depuis les années 1980. Sa puissance financière lui permet ainsi de financer en partie l'organisation des JO, et les FI et CNO au travers de redistributions conséquentes de ses bénéfices (90 %). Ainsi, pour la dernière olympiade (2017-2020), le CIO a attribué aux CNO et aux FI 755 millions de dollars à chacun [CIO, 2022]. Dernières prérogatives non négligeables, le CIO désigne la ville hôte au travers d'une élection, parmi des candidates qui participent à un « processus d'enchères », et établit le programme sportif des JO : la présence à la fête est donc totalement entre ses mains.

3. La Charte olympique est la codification des Principes fondamentaux de l'olympisme, des règles et des textes d'application adoptés par le Comité international olympique (CIO). Elle régit l'organisation, les actions et le fonctionnement du Mouvement olympique, et fixe les conditions de la célébration des Jeux olympiques.

4. « Toute personne ou organisation appartenant à quelque titre que ce soit au Mouvement olympique est liée par les dispositions de la Charte olympique et doit respecter les décisions du CIO » (règle 1.4).

Hérodote, n° 192, La Découverte, 1er trimestre 2024.

Les fédérations internationales, des partenaires mais en état de subordination pour la plupart

Deuxième composante du MO, les FI sont les partenaires du CIO pour l'organisation des JO. Dans ce cadre, elles sont chargées d'établir les critères d'admission aux compétitions pour les athlètes (minima, classements, etc.), d'assumer la responsabilité de l'arbitrage et de donner leur avis sur les moyens techniques décrits dans les candidatures des villes.

Elles présentent une dépendance plus ou moins affirmée vis-à-vis du CIO. Certaines ont développé leur autonomie financière grâce à la création et à la commercialisation de leur propre spectacle sportif (le football avec la Coupe du monde ou le tennis avec le circuit ATP...). D'autres en revanche, comme le pentathlon moderne, pâtiraient énormément de leur absence aux JO qui sont leur première source de financement.

Ayant introduit la possibilité d'écarter un sport au programme des JO depuis 2005 en créant deux catégories de sports (« cœur » et « additionnel » sur proposition du Comité d'organisation des JO [COJO] pour une olympiade), le CIO peut exercer de fortes pressions sur les FI. En comparant les programmes des JO de Tokyo, de Paris et de Los Angeles, on voit que le karaté est entré à Tokyo au même titre que le skateboard, le surf et l'escalade mais qu'il est écarté des deux prochains JO alors que les trois autres y restent. À Paris, le break dance est présenté mais ne sera pas retenu à Los Angeles qui réintroduit le baseball/softball (sport états-unien par excellence) et intègrera le cricket, le flag football, le lacrosse et le squash[5]. Cette stratégie permet au CIO de « tester » les audiences télévisées, d'attirer de nouveaux spectateurs (le cricket amènera les téléspectateurs indiens, un enjeu considérable, ce sous-continent étant « rétif » à la plupart des sports présents aux JO) et de donner une « coloration » régionale (flag football et lacrosse pour l'Amérique du Nord).

Enfin, le CIO peut exclure une FI comme cela vient de se passer pour l'International Boxing Association (IBA) lors de la 140e session. Le CIO reproche à cette fédération une gestion du dopage approximative, des scandales d'arbitrage à répétition, une gestion financière catastrophique et plus globalement une nomination de dirigeants très douteux[6].

La gestion des FI pose d'ailleurs question et est un objet de préoccupation pour le CIO. Dernièrement, plusieurs scandales ont émaillé l'actualité avec des

5. Validé à la 141e session à Mumbai en octobre 2023.

6. G. Rakhimov était soupçonné d'être un membre de la mafia ouzbèke et son successeur U. Kremlev s'est signalé en proposant au CIO d'éteindre la dette de 16 millions de dollars de l'IBA avec ses deniers personnels, argent que le CIO qualifiera « d'origine incertaine » suite à une commission d'enquête.

Hérodote, n° 192, La Découverte, 1er trimestre 2024.

éléments de corruptions omniprésents. L. Diack, ancien président de l'Association internationale des fédérations d'athlétisme (IAAF), a été condamné en 2020 à quatre ans de prison, dont deux avec sursis, pour son implication dans un réseau de corruption protégeant des athlètes dopés. A. Besseberg, président norvégien de l'Union internationale de biathlon (UIB) de 1993 à 2018, est, entre autres, accusé d'avoir reçu de l'argent en liquide lors de ses visites en Russie...

Les Comités nationaux olympiques, courroies de transmission du CIO, mais sous influence

Dernier pilier du système olympique, les CNO sont les représentants du CIO dans chaque pays (et pas l'inverse) et lui assurent le quadrillage du monde. Les CNO sont chargés de développer le MO en diffusant son idéal. Ils choisissent la ville candidate à l'organisation des JO dans leur pays (s'il y a plusieurs candidatures) et sont les seuls habilités à composer la délégation des athlètes. Les CNO, bien que dépendants du CIO pour leur reconnaissance, sont les partenaires les moins contrôlables car ils sont en grande partie sous influence de leur État. Le CIO recommande aux CNO de « [...] préserver leur autonomie et résister à toutes les pressions, y compris, mais sans s'y restreindre, les pressions politiques, juridiques, religieuses ou économiques qui pourraient les empêcher de se conformer à la Charte olympique ». Ils ont bien du mal à se conformer à ce vœu car, même si le CIO essaie de financer les CNO les plus pauvres, il ne peut leur garantir des revenus suffisants. De plus, le sport étant un enjeu politique, un certain nombre de CNO ont à leur tête des représentants d'État quand ils ne sont pas complètement intégrés à celui-ci comme ce fut le cas pour les pays de l'Est. Il n'existe qu'une trentaine de CNO réellement indépendants dans le monde, et encore, le CNO des États-Unis a obéi à son gouvernement lors du boycott de 1980.

Le deuxième cercle, des partenaires économiques...

Les acteurs du monde économique n'appartiennent pas au MO. Ils sont en dehors du monde sportif mais sont devenus indispensables à la réalisation de la fête. Sous l'ère de A. Brundage[7], le CIO reste campé sur ses positions à propos de l'amateurisme. Mais l'arrivée du président A. Samaranch[8] va trancher définitivement en faveur de l'entrée des sportifs professionnels accélérant alors la marchandisation des JO. Cette ouverture apporte au CIO une aisance financière renforçant son pouvoir et sa capacité à se globaliser.

7. Président du CIO de 1952 à 1972.
8. Président du CIO de 1980 à 2001.

Hérodote, n° 192, La Découverte, 1er trimestre 2024.

Deux grands types de partenaires coexistent. D'un côté, les médias avec, comme principal interlocuteur, la télévision. Ils sont les pourvoyeurs les plus généreux du financement olympique. De l'autre, des multinationales qui associent leur image à l'évènement au travers du programme de sponsoring The Olympic Partners (TOP) lancé en 1985.

Les diffuseurs, principaux financeurs du CIO

Pour le CIO, la retransmission télévisée apporte à la fois la visibilité et l'argent. En 2021 à Tokyo, 220 « pays » retransmettent les JO à la télévision. Plus de 150 000 heures de programme sont produites, pour une audience cumulée de 3 milliards de téléspectateurs [CIO, 2022]. La diffusion quasi universelle de la télévision a augmenté le nombre de clients pour les diffuseurs, amplifiant une concurrence qui a permis au CIO de faire monter les enchères et de multiplier ses revenus. Pour l'olympiade 2017-2020, les droits représentent 61 % de ses revenus, soit 4,6 milliards de dollars ! Si les diffuseurs surenchérissent, c'est aussi parce qu'ils rentabilisent leur investissement. Ainsi, aux États-Unis, National Broadcasting Company (NBC) a obtenu sa 135e première audience en « prime time » lors de la fin des JO de Tokyo.

L'irruption d'Internet et la numérisation des contenus au XXIe siècle ont démultiplié les canaux et les supports de diffusion, et le CIO a compris qu'il devait aussi investir ce champ et ne pas le laisser à d'autres acteurs. Ces nouveaux canaux sont utilisés par un public jeune et diplômé, un marché fondamental pour rajeunir l'audience et conserver les annonceurs.

Toutefois, le CIO et les FI doivent aussi répondre aux exigences des diffuseurs. La conquête de nouveaux marchés permet de mieux comprendre le choix des villes hôtes : Pékin ou Rio de Janeiro, dans une moindre mesure, ouvraient de nouveaux marchés aux sponsors.

Fournir un spectacle toujours plus haletant et des écrins toujours plus spectaculaires entre aussi en compte. Les candidatures des villes hôtes distillent ainsi un argumentaire sur le cadre enchanteur dans lequel pourraient se dérouler les JO. Pour Rio de Janeiro on pouvait lire : « Rio organisera des Jeux olympiques et paralympiques qui tireront pleinement parti de **la beauté naturelle**, de la diversité et de l'énergie de la ville, [...] » [CIO, 2009] ou, pour Paris 2024 : « La zone Paris Centre placerait la célébration des Jeux le long de la Seine, dans le centre historique de Paris, avec **tous les sites emblématiques** de la ville comme **toile de fond spectaculaire** »[9] [CIO, 2017]. Au-delà du cadre de la ville, les équipements sportifs jouent aussi de cette dimension scénographique comme le fameux « nid d'aigle » ou le « cube » à Pékin.

9. C'est l'auteur qui souligne.

Hérodote, n° 192, La Découverte, 1er trimestre 2024.

Pour mieux vendre le spectacle, les diffuseurs militent pour rendre les compétitions toujours plus lisibles et plus haletantes en accélérant le rythme et l'intensité. Le cas du pentathlon moderne est le plus symbolique du pouvoir des médias. Compétition conçue pour les JO et présente depuis 1912, ce sport peu répandu est critiqué depuis les années 1990. Il a dû s'adapter pour rester aux JO, jusqu'à se dénaturer. Pour les JO de Londres, toutes les épreuves ont été condensées en une journée et le tir au laser et la course à pied ont été combinés pour produire un point culminant plus excitant. Pour les JO de Paris, les épreuves du pentathlon seront concentrées dans un seul lieu et sur une durée de 90 minutes. Malgré ces ajustements, le pentathlon moderne a été menacé d'expulsion par T. Bach, le président du CIO : « Changez sinon nous changerons », ce qui amène à la future version pour les JO de Los Angeles, où l'équitation sera remplacée par une épreuve s'apparentant à un parcours du combattant popularisé par l'émission de téléréalité « Ninja Warrior »...

Le rapport de force entre diffuseurs et monde sportif peut encore jouer sur les horaires des compétions comme à Pékin où les nageurs ont dû se présenter en finales à 9 h du matin (ce qui est une hérésie biologique), heure locale, pour qu'elles soient retransmises en *prime time* aux États-Unis. Enfin, le paramètre télégénique est un des critères les plus importants pour l'introduction d'un sport[10]. Ceci explique l'entrée de nouveaux sports comme le BMX, le skateboard, le surf, l'escalade qui permettent de rajeunir le public des JO.

Les sponsors, une diversification bienvenue pour les finances du CIO

Côté sponsors, la mise en place dès 1985 du programme TOP a connu un succès qui ne se dément pas : de 96 millions de dollars sur la première période 1985-1988 à plus 2 milliards de dollars sur la période 2017-2020. Le CIO retient une dizaine de sponsors qui obtiennent le droit d'associer leur image dans le monde entier sur une catégorie exclusive de produits. Les sociétés américaines sont majoritaires avec de grands noms comme Intel, Coca-Cola ou plus récemment Airbnb. Le continent asiatique est le second représenté avec des sociétés japonaises (Panasonic, Toyota, Bridgestone), Samsung pour la Corée du Sud et l'arrivée récente de la Chine avec Alibaba Group et Mengniu (produit laitier). L'Europe fournit le reste des sociétés avec Atos Origin, Oméga ou encore Allianz. Ce sponsoring est essentiel pour le CIO, car il permet une diversification des revenus, avec maintenant près de 30 % du total des recettes, lui permettant de moins dépendre des diffuseurs.

---

10. « L'intérêt manifesté par le public et les médias pour un sport doit être considéré comme un facteur clé lors de l'analyse des sports, car il s'agit d'un élément essentiel au succès des Jeux », CIO, Commission du programme olympique, 2008.

Hérodote, n° 192, La Découverte, 1er trimestre 2024.

Ces multinationales dépensent des sommes considérables, pour associer leur image à celle des JO car la « marque » aux anneaux obtient le meilleur taux de reconnaissance visuelle à l'échelle mondiale [Ferrand, Chappelet et Séguin, 2012]. Par ailleurs, cette marque permet de créer des liens émotionnels profonds (images, souvenirs, ou sentiment d'appartenance) et est associée à un ensemble d'idéaux et de valeurs fondamentales positives comme l'effort, l'excellence, l'amitié, le fair-play, le respect ou encore la paix : « Les études de marchés révèlent qu'une association avec le Mouvement olympique rehausse l'image et le prestige des sociétés partenaires des Jeux dans l'esprit des consommateurs » [CIO, 2002].

Les institutions de régulation

La valeur du spectacle est d'autant plus élevée que les résultats sont incertains et les performances inattendues. Ces attentes accentuent la course aux records et la pression sur les athlètes et leur entourage (préparateurs physiques, entraîneurs, médecins) pour obtenir des gains plus élevés. Cette financiarisation provoque des comportements déviants de tricherie (achat de juges, manipulation de matchs et dopage) qui sont devenus le cancer du sport et dont on voit les métastases se diffuser lors de scandales salissant son image. Comment continuer à associer sa marque à de la tricherie ? Comment retransmettre une épreuve pour laquelle on n'est pas sûr que le vainqueur ne soit pas celui qui a su mieux se doper que les autres ?

Suite à plusieurs scandales, dont celui de Festina lors du Tour de France en 1998 [11], le CIO et le MO ont lancé une série d'initiatives qui introduisent ou renforcent de nouveaux acteurs dans le système olympique afin de le réguler.

Le Tribunal arbitral du sport (TAS), une justice sportive et une lex sportiva *?*

Le TAS a pour but de développer une juridiction internationale du sport et de résoudre les conflits en évitant l'intrusion des juges civils. Avec la montée des enjeux financiers et l'absence de cadres de référence mondiaux, le monde sportif n'est plus à l'abri des conflits juridiques. Des athlètes se sont retournés vers la justice de leur pays contre des décisions du MO comme une non-sélection aux Jeux... Pour enrayer ces dérives, il fallait une institution qui puisse servir de référence et initier des procédures applicables de manière universelle. Créé en 1983

11. Découverte d'un dopage organisé et médicalisé à la suite de l'interception par les douanes françaises du véhicule d'un soigneur de l'équipe Festina contenant plus de quatre cents flacons de produits dopants et stupéfiants.

à l'initiative du président du CIO, financé par celui-ci dans un premier temps[12], le TAS est composé d'experts en droit du sport, ses décisions sont équivalentes à des jugements de tribunaux ordinaires. Le CIO a incité les FI et les CNO à le désigner comme la dernière instance de recours des divers jurys et commissions de discipline obligeant les athlètes à renoncer à faire appel aux tribunaux ordinaires, favorisant une *lex sportiva*. Il y a donc clairement une justice sportive qui cohabite avec la justice traditionnelle et qui permet au mouvement sportif de conserver une forme d'autonomie qu'il a toujours revendiquée. L'affaire Bosman en 1995 est alors un véritable coup de tonnerre pour le monde sportif. Il considérait que son activité ne dépendait pas des lois encadrant la libre circulation des travailleurs et la concurrence (existence de quotas de joueurs par nationalité dans des clubs sportifs), mais l'UE a considéré que le sport ne pouvait pas continuer à vivre « en dehors » de la société notamment vu les sommes en jeu[13]. L'UE reconnaîtra toutefois la spécificité du sport dans l'article 165 du traité de Lisbonne validant le fait que le sport n'est pas au-dessus de la loi, mais qu'il ne peut, pour autant, être appréhendé de la même manière qu'une activité économique ordinaire.

L'Agence mondiale antidopage, une prise de conscience du milieu sportif

La montée du dopage a amené le CIO à créer une commission médicale dès 1960 et des contrôles antidopage dès 1968, mais son action se limite alors à la quinzaine olympique et se heurte au dopage d'État. À l'époque, le CIO ne peut s'opposer frontalement à l'URSS et ses satellites et les exclure pour dopage sans être taxé de favoriser un camp face à l'autre, dans lequel le dopage était aussi présent. Après plusieurs affaires, dont celle de Ben Johnson aux JO de Séoul, il faut attendre le scandale de l'affaire Festina en 1998 (hors arène olympique), où la justice française intervient et souligne la gravité de la situation, pour que les autorités du sport se saisissent de l'enjeu, sous la pression des médias qui commencent à remettre en question la diffusion d'épreuves où le dopage est omniprésent.

Toujours sous l'impulsion du CIO, l'AMA apparaît alors en 1999 et a pour vocation de « promouvoir, coordonner et superviser au plan international la lutte contre le dopage sous toutes ses formes[14] ». L'AMA établit depuis un code mondial

12. Depuis 1994, le TAS est indépendant financièrement du CIO, suite à une plainte au civil. Le tribunal fédéral suisse a reconnu au TAS la qualité de véritable tribunal arbitral mais a relevé les nombreux liens existant entre le TAS et le CIO, ce qui nuisait à l'indépendance du tribunal, d'où la réforme des statuts.

13. « Le droit de la concurrence et les dispositions relatives au marché intérieur s'appliquent au sport dans la mesure où il constitue une activité économique », Commission des Communautés européennes, 2007, Livre blanc du sport.

14. Article 4-1 du statut de l'AMA, 1999.

Hérodote, n° 192, La Découverte, 1er trimestre 2024.

antidopage qui propose une liste commune des produits dopants adoptée par le CIO, les FI et les CNO, liste révisée chaque année et même en cours d'année. Dès 2000, le CIO impose au reste du MO le respect du code. Afin de repérer certains produits indétectables pendant les compétitions, l'AMA impose dès 2009 des contrôles hors compétition et oblige les athlètes à fournir une plage horaire quotidienne d'une heure durant laquelle ils peuvent être localisés afin de subir un contrôle. En 2018, l'AMA se voit confier des pouvoirs d'enquête. Elle n'est plus seulement là pour fixer le cadre de la lutte, elle peut participer activement à la détection et à l'exploration des informations pouvant être fournies par des lanceurs d'alerte. En 2019, le CIO impulse la création de l'Agence de contrôle internationale (ACI), association indépendante à but non lucratif de droit suisse, qui a pour rôle de réaliser les contrôles antidopage pendant les JO ou pour des FI qui n'ont pas forcément les moyens internes. Pour la première fois, le mouvement sportif donne à une institution internationale les pleins pouvoirs pour lutter contre le dopage. Enfin, l'AMA est une fondation composée à parité de membres désignés par le monde sportif et par des organisations intergouvernementales, gouvernements, collectivités publiques. Ces derniers financent à égalité avec le monde sportif de façon à éviter que celui-ci ne contrôle le système et que l'endogamie ne conduise à répéter les erreurs précédentes.

Cette agence a donc un rôle primordial à jouer pour défendre la santé des athlètes et l'éthique tant revendiquée par le Mouvement sportif. Elle peut aussi garantir les efforts du monde sportif pour des JO propres, mais n'est-ce pas aussi l'intérêt bien compris du marketing sportif ? Le CIO trouverait-il toujours autant de sponsors prêts à associer leur image avec des JO trop fréquemment entachés par le dopage ? Toutefois, malgré tous les efforts, le dopage reste bien présent dans le sport avec toujours un temps d'avance...

Le CIO, acteur des relations internationales

À la fin du XIXe et début du XXe siècle, le CIO s'est imposé comme l'organisation internationale majeure du sport notamment parce que les États n'en avaient pas perçu l'intérêt. Dans ce cadre, il a tissé des relations internationales pour organiser les JO. À l'époque, les négociations se réalisent par l'entremise des membres du CIO, personnes influentes aux réseaux sociaux étendus. Pendant très longtemps, l'institution tisse ses relations internationales au coup par coup. La politisation du sport et les tensions autour des JO (épisode des boycotts) ont menacé l'existence même de l'évènement et ont fait prendre conscience au CIO qu'il devait agir. Il faut attendre l'arrivée de A. Samaranch, ancien diplomate (ambassadeur d'Espagne à Moscou), pour qu'il développe une approche stratégique des relations

Hérodote, n° 192, La Découverte, 1er trimestre 2024.

internationales au moment même où le CIO va se mondialiser et jouer de son droit de reconnaissance pour ce faire. A. Samaranch, voyageur et diplomate infatigable, visitera 146 États pendant sa présidence ! Il sera aussi à l'origine du rapprochement avec l'ONU afin de préserver la position centrale du CIO dans le sport mondial. Enfin, des choix stratégiques ont été faits pour cimenter la participation des pays aux JO et assurer leur succès.

Une géographie sportive qui diffère de la géographie politique ?

Au début de l'aventure olympique, le CIO a mis en place les CNO afin qu'ils organisent le mouvement sportif sur leur territoire et qu'ils fassent avancer la cause olympique. Pendant cette période, la géographie créée par le mouvement sportif n'est pas en adéquation avec les réalités du droit international. Interpellé en 1911, Coubertin répond au directeur d'une gazette sportive autrichienne soulignant l'absence de représentation de l'Autriche au CIO alors que la Bohême y est : « La règle fondamentale des olympiades modernes tient en deux mots : *All games, all nations* [...]. J'ajoute qu'une nation n'est pas nécessairement un État indépendant et qu'il existe une géographie sportive qui peut différer parfois d'avec la géographie politique » [Mayer, 1960]. À l'époque, le sport n'étant pas encore un support des relations internationales, le CIO dessine sa propre géographie. Toutefois, cette position devient délicate dès la fin de la Première Guerre mondiale qui a entraîné une série de bouleversements territoriaux. Le temps de la géographie sportive indépendante de la politique est passé. Le CIO a pu naviguer à vue jusqu'en 1960, date à laquelle il modifie sa charte en introduisant une précision sur la sémantique des termes employés, pour gérer la cohabitation des « deux Chines » :

> Étant donné que le Mouvement olympique est apolitique, les termes pays ou nations dans les présentes règles s'appliquent également à une notion géographique, zone ou territoire, dans les limites de laquelle un Comité olympique reconnu par le CIO déploie son activité ou fonctionne [Mayer, 1960].

Pendant la phase de décolonisation, la reconnaissance par le CIO devient un objectif des nouveaux pays dans l'instauration de leurs relations internationales au même titre que la reconnaissance de l'ONU.

La dernière phase débute avec la chute de l'URSS et la déstabilisation de la Yougoslavie (1991). Le CIO va jouer sa propre partition lors des JO d'Albertville (8 au 23 février 1992) en acceptant les CNO de Slovénie et de Croatie alors que la reconnaissance de leur indépendance par l'ONU n'interviendra que le 22 mai 1992. Le CIO devance ainsi l'ONU. En revanche, lors des JO de Barcelone

Hérodote, n° 192, La Découverte, 1er trimestre 2024.

(25 juillet au 9 août 1992), il se conforme à l'embargo sportif décrété par l'ONU en obligeant les athlètes serbes et macédoniens à participer sous bannière « athlètes indépendants ». En 1993, le CIO reconnaît le CNO de Palestine, la même année que la signature des accords de Washington, base des accords d'Oslo de 1994, alors que l'Organisation de libération de la Palestine (OLP) ne dispose que d'un siège d'observateur permanent à l'ONU. La Palestine participera aux JO de 1996 alors qu'il faudra attendre 2012 pour qu'elle obtienne un statut d'État non membre observateur[15].

Ces épisodes et des demandes toujours plus politiques amènent le CIO à modifier sa charte, en 1996, afin de mieux définir le terme « pays » qui jusqu'alors est défini par « un État, territoire ou portion de territoire que le CIO considère, selon sa discrétion absolue, comme une zone de juridiction du pays qu'il a reconnu » et qui lui laisse beaucoup de liberté mais l'entraîne sur un terrain glissant. La modification tente de clarifier la définition d'un pays : « Dans la Charte olympique, l'expression "pays" signifie un État indépendant reconnu par la communauté internationale[16]. » Toutefois, cette définition n'est pas aussi claire qu'elle en a l'air. Combien de pays faut-il pour constituer une communauté internationale ? L'ONU est-il l'organisme représentatif de la communauté internationale et sa reconnaissance est-elle nécessaire ?

Le cas du Kosovo illustre cette difficulté d'interprétation. Déclaré indépendant par son parlement le 17 février 2008, alors qu'il fait partie de la Serbie et qu'il est géré par les forces internationales, il est reconnu en 2014 par 108 membres de l'ONU mais pas par la Russie, la Chine, l'Inde ou l'ONU[17]. Le Kosovo a depuis participé aux JO de Rio et de Tokyo et a obtenu respectivement une et deux médailles d'or, ce qui a permis à ce pays d'apparaître au-devant de la scène internationale.

Les évolutions politiques et leurs traductions territoriales depuis la seconde moitié du XXe siècle ont obligé peu à peu le CIO à préciser sa politique de reconnaissance. Toutefois, le mouvement sportif conserve une géographie qui lui est propre comme peuvent en témoigner les « anomalies » de Taïwan, de Hong Kong ou de territoires plus ou moins indépendants (dans les Caraïbes et le Pacifique).

15. Résolution A/RES/67/19 du 29 novembre 2012.
16. Charte olympique (règle 31.1), version 2007.
17. Son indépendance est en contradiction avec la résolution 1244 qui stipule une autonomie du territoire mais dans le respect de l'intégrité territoriale de la Serbie...

Hérodote, n° 192, La Découverte, 1er trimestre 2024.

Une relation ambiguë à l'ONU : éliminer la concurrence et développer un partenariat gagnant-gagnant

La diplomatie du CIO a consisté à raffermir sa position afin de rester incontournable dans le sport mondial. Il y arrive en tissant de nombreuses relations avec des organismes, avec l'ONU au centre, qui, en échange, utilisent l'image du sport pour leur propre activité.

Pendant près de trente ans, le CIO observe les initiatives côté ONU notamment avec l'Organisation des Nations unies pour l'éducation, la science et la culture (UNESCO) qui crée en 1958 le Conseil international pour l'éducation physique et le sport (CIEPS) en charge du sport et de l'éducation physique à l'échelle mondiale. Toutefois, il faut attendre 1978 pour que l'UNESCO publie la Charte internationale de l'éducation physique et du sport. Lord Killanin[18] lui suggère alors de centrer son action sur le sport à l'école et de laisser une forte autonomie aux organismes sportifs. Cette bataille feutrée pour désigner l'organisme en charge de la gestion du sport mondial évolue à l'arrivée de A. Samaranch. Il se consacre à renforcer les liens diplomatiques avec l'ONU. Dans ce cadre, le CIO débute son offensive en se rapprochant des agences et organisations spécialisées de celle-ci. En une vingtaine d'années, et commençant par l'UNESCO, le CIO développe des partenariats avec les principales agences de l'ONU[19]. En 2009, ses efforts sont récompensés, puisqu'il obtient le statut d'observateur à l'ONU, ce qui lui permet d'assister aux réunions de l'Assemblée générale et d'y prendre la parole, mais surtout, qui consacre sa prééminence vis-à-vis de l'UNESCO.

Autre axe fort de la coopération avec l'ONU, la défense d'une société pacifique. Credo central du CIO[20], et de l'ONU, leurs discours s'accordent comme lors de la déclaration de Kofi Annan : « Les idéaux olympiques sont également ceux de l'Organisation des Nations unies : tolérance, égalité, fair-play et, surtout, paix. Ensemble, les Jeux et l'Organisation peuvent former une équipe gagnante[21]. » Le CIO décide alors de réactiver le concept de trêve olympique et réalise un « coup » diplomatique puisqu'il réussit à faire adopter à l'ONU une résolution sur

---

18. Président du CIO de 1972 à 1980.

19. Avec l'UNICEF en 1993, le HCR et le PNUE en 1994, le PNUD et le PAM en 1996, la FAO en 1997, l'ONUSIDA en 2004.

20. « Le but de l'Olympisme est de mettre le sport au service du développement harmonieux de l'humanité en vue de promouvoir une société pacifique, soucieuse de préserver la dignité humaine », 2e principe fondamental de la Charte olympique.

21. « Unis par les mêmes idéaux, les athlètes olympiques et l'ONU peuvent former une équipe gagnante » déclare Kofi Annan, secrétaire général de l'ONU, 31 août 2000, <https://press.un.org/fr/2000/20000831.sgsm7523.doc.html>.

Hérodote, n° 192, La Découverte, 1er trimestre 2024.

la trêve olympique[22]. En termes de reconnaissance officielle, il n'y a pas mieux. En 1994, le CIO obtient même que l'année soit proclamée « Année internationale du sport et de l'idéal olympique » par l'ONU. En échange de bons procédés, le CIO fait flotter le drapeau des Nations unies à chaque JO depuis 1998. En 2000, le Sommet du millénaire de l'ONU adopte la Déclaration du millénaire, qui comprend un paragraphe sur le respect de la trêve olympique et, depuis 2001, l'ONU la promeut avant chaque JO. La démarche de la trêve olympique (qui commence 7 jours avant les JO et se termine 7 jours après) a permis ainsi au CIO de devenir un partenaire incontournable alors qu'elle n'est qu'un vœu pieux qui ne lui coûte rien puisque ce sont les États qui s'engagent à la faire respecter. En 2008, à l'occasion des Jeux de Pékin, Géorgie et Russie se sont affrontées pendant les JO, en 2012 la guerre civile en Syrie ne s'est pas arrêtée, en 2014 la Russie annexe la Crimée 5 jours après les JO de Sotchi, et en 2022 Moscou attaque l'Ukraine au lendemain de la fin des JO d'hiver de Pékin, une « courtoisie » vis-à-vis de Xi Jinping ? Un autre succès s'ajoute à celui de la trêve : le coup de maître « diplomatique » lors du défilé des deux Corées sous une même bannière à l'occasion des JO d'hiver de PyeongChang en 2018, qui ne fut que symbolique...

Une dernière initiative du CIO s'est déroulée lors des Jeux de Rio, avec la création d'une équipe d'athlètes olympiques réfugiés dont le statut officiel de réfugiés est validé par l'ONU. Le succès de cette équipe a ensuite conduit, un an plus tard, à la création de l'Olympic Refuge Foundation (ORF). Pour les JO de Tokyo, l'expérience est renouvelée en étroite collaboration avec le Haut Comité pour les réfugiés (HCR).

Des choix stratégiques pour cimenter la participation des nations

Une scène de théâtre si accessible ?

La cérémonie d'ouverture des JO est toujours un moment marquant avec le défilé des athlètes de tous les CNO. C'est le seul moment, tous les quatre ans, où le monde se rassemble sous les yeux du monde... Mais cette universalité est une construction du CIO et ne doit rien au hasard. Elle résulte des politiques combinées de la reconnaissance et du programme olympique dont les dispositions d'admission ont été aménagées pour permettre l'accès aux JO à tous les pays. À Rio, 36 CNO sont présents uniquement grâce à la volonté du CIO car aucun des athlètes ne répond aux critères de qualification : certaines performances correspondent à peine à un niveau régional en France. Cette stratégie étoffe aussi les délégations des pays les plus faibles. Si l'on reprend l'exemple de la Palestine, les 6 athlètes composant

22. Résolution 48/11 du 25 octobre 1993.

Hérodote, n° 192, La Découverte, 1er trimestre 2024.

la délégation à Tokyo ont tous été invités. Mais le symbole de ce monde réuni est si fort qu'il vaut bien ces accommodements.

Une Solidarité olympique (SO) essentielle pour atténuer les écarts

Bien que le principe date de 1962 avec la création du Comité d'aide internationale olympique (CAIO), il faut attendre l'ère Samaranch pour que soit créée la commission de la SO (1981) et qu'elle obtienne des moyens plus conséquents grâce à l'argent des droits TV. Début 1980, elle disposait de 4 millions de dollars, dans les années 1990 plus de 60 millions en moyenne par olympiade, début des années 2000 plus de 120 millions et pour 2021-2024, 590 millions ! En plus du financement des administrations des CNO, SO a soutenu dans un premier temps les athlètes, à l'aide de bourses apportant ainsi de meilleures conditions pour leur préparation. Puis, son intervention s'est diversifiée avec un soutien plus prononcé aux CNO les plus pauvres pour le développement du sport dans leur pays et avec des bourses cette fois-ci pour les entraîneurs.

Au-delà de la valeur centrale de solidarité affichée, il s'agit aussi d'étendre l'universalité en soutenant les athlètes de pays défavorisés pour leur permettre d'aller aux JO et d'obtenir des résultats probants. Pour l'olympiade de Tokyo, 1 836 athlètes de 186 CNO ont reçu une bourse, parmi lesquels 825 de 178 CNO ont pu concourir et obtenir 185 places en finales dont 113 médailles.

Universalisme versus *signes religieux*

Intégrer les différentes cultures pour atteindre l'universalisme est une tâche immense plus l'olympisme s'étend. Parti d'un cœur européanisé, il couvre maintenant toute la planète et éprouve des difficultés à tenir un juste équilibre entre éviter les discriminations[23] et laisser une propagande se diffuser[24]. Le sujet de la tenue sportive peut devenir un élément central du débat. C'est le cas avec la religion musulmane dans sa version rigoriste qui considère que le corps doit être entièrement caché pour la femme et seulement entre le nombril et les genoux pour l'homme. Ces positions ne concernent que quelques régimes politico-religieux qui ont vu l'occasion d'imposer un bras de fer au CIO sur la dimension symbolique du voile féminin. Le dilemme est fort pour le CIO puisqu'il a aussi pour objectif de développer le sport féminin dans le monde : opposer une fin de non-recevoir à ces

23. « La jouissance des droits et libertés reconnus dans la présente Charte olympique doit être assurée sans discrimination d'aucune sorte, notamment en raison de la race, la couleur, le sexe, l'orientation sexuelle, la langue, la religion, les opinions politiques ou autres, l'origine nationale ou sociale, la fortune, la naissance ou toute autre situation » (6e principe fondamental).

24. « Aucune sorte de démonstration ou de propagande politique, religieuse ou raciale n'est autorisée dans un lieu, site ou autre emplacement olympique », règle 50-2.

Hérodote, n° 192, La Découverte, 1er trimestre 2024.

pays signifie ne pas avoir de femmes dans leur délégation et ne pas diffuser un exemple de pratique sportive à des millions de jeunes femmes dans ces sociétés. D'un autre côté, l'autoriser favorise un discours religieux qui va se servir de ce symbole.

Aux JO de Londres, le CIO a adopté une politique tolérante vis-à-vis du hijab dans son interprétation de la règle 50-2 en considérant qu'il n'est pas un symbole religieux mais culturel. En contrepartie, ces JO sont les premiers à avoir eu au moins une femme dans chaque délégation de CNO. Aux Jeux de Rio en 2016, K. Alizadeh gagne la première médaille féminine iranienne (bronze) et porte le hijab sur le podium. Mise en avant par le régime iranien, elle s'est réfugiée aux Pays-Bas en 2020 et a dénoncé le statut de la femme dans son pays : « J'ai répété tout ce qu'ils m'ont ordonné de dire, et eux ont mis mes médailles au crédit du respect du voile obligatoire. Je fais partie des millions de femmes opprimées en Iran avec qui le régime iranien joue depuis des années. »

Pour Paris 2024, dans un contexte tendu en France sur le port du voile et la laïcité, la ministre des Sports a annoncé que « [...] les représentants de nos délégations, dans nos équipes de France, ne porteront pas le voile[25] ».

Le sport comme outil des relations internationales, l'irruption du troisième cercle

Le CIO décrit les JO comme des compétitions entre athlètes, en épreuves individuelles ou par équipes et non entre pays. Mais le défilé de la cérémonie d'ouverture se fait par pays, les drapeaux des médaillés sont hissés, et l'hymne national du vainqueur retentit. Tout ce décorum fait appel à l'identité nationale, d'où l'intérêt des États pour cette manifestation et sa position centrale dans les relations internationales. Ces dernières sont conditionnées par plusieurs concepts dont celui de reconnaissance mutuelle sans laquelle elles n'existent pas, mais aussi celui de puissance, concepts qui s'épanouissent parfaitement dans le sport. La rencontre sportive de deux équipes nationales implique automatiquement la reconnaissance de l'autre. Lors des JO, le fait d'être présent permet aussi une reconnaissance de son pays. Mais, pour certains pays qui veulent montrer leur puissance, la présence ne suffit pas, elle doit s'exprimer au travers du tableau des médailles ou de l'accueil des JO, quitte à employer des moyens illicites. Enfin, les JO sont devenus si importants en termes de communication qu'ils attirent de nombreux acteurs

25. « Paris 2024 : la France interdira le port du voile à sa délégation, l'ONU désapprouve », *Le Monde*, 26 septembre 2023, <www.lemonde.fr/sport/article/2023/09/26/paris-2024-la-france-interdira-le-port-du-voile-a-sa-delegation-l-onu-desapprouve_6191120_3242.html>, consulté le 17 novembre 2023.

Hérodote, n° 192, La Découverte, 1er trimestre 2024.

qui tentent d'utiliser leur caisse de résonance pour délivrer leur propre message souvent bien éloigné de considérations sportives.

Se rencontrer, se reconnaître, ou sortir du système ?

« Le sport est fréquentation » [Collomb, 1992]. Dans le contexte des relations internationales, la rencontre sportive traduit le degré d'acceptation et de reconnaissance d'un régime vis-à-vis d'un autre. Le refus de se rencontrer est donc lourd de sens. Il s'agit alors de conflits idéologiques marqués comme lorsque l'URSS a refusé d'intégrer la compétition olympique car elle rejetait le sport bourgeois dans les années 1930. Ce refus peut aussi être temporaire, l'histoire olympique est ainsi riche de boycotts de la part d'États comme en 1976 pour les pays africains, en 1980 pour les États-Unis et leurs alliés, et en 1984 pour l'URSS et ses satellites. À chaque fois, on s'est servi du sport comme d'une arme symbolique avec un faible « coût » pour les États, rapporté à la visibilité de l'action.

Mais le CIO peut aussi user de son droit d'exclusion. Ainsi, pour la guerre en Ukraine, le CIO a proposé en mars 2023 d'exclure tout athlète ou officiel qui apporte « un soutien actif à la guerre en Ukraine ; et/ou qui a des liens contractuels avec l'armée russe ou des agences de sécurité nationales », et de bannir les équipes nationales russe et biélorusse en sport collectif car elles sont une émanation de la représentation nationale[26]. Pour les autres athlètes, le CIO recommande leur participation sous bannière neutre, tout en laissant les fédérations internationales se prononcer pour leur sport, puisqu'elles édictent les règles pour les tournois de qualification aux JO.

Dans ce conflit qui oppose la Russie au CIO, elle a répliqué, début octobre 2023, en intégrant au sein du CNO russe les organisations sportives régionales qui relèvent de l'autorité du CNO ukrainien (Donetsk, Kherson, Louhansk et Zaporijia). Ce dernier mouvement a entraîné la suspension du CNO russe pour violation de la Charte olympique car il porte atteinte à l'intégrité territoriale du CNO d'Ukraine. C'était la dernière étape, après que V. Poutine avait décidé d'organiser en juin 2024 une compétition internationale « alternative » aux JO, la première édition des Jeux des BRICS, et qu'il envisage de créer une association d'organisations sportives au sein de l'Organisation de coopération de Shangaï (OCS) qui pourrait organiser une compétition sportive internationale en 2024. Le président russe met la pression sur le CIO tout en utilisant la demande de multilatéralisme des pays émergents.

26. Comité international olympique, « Questions-réponses concernant la participation d'athlètes porteurs d'un passeport russe ou bélarussien aux compétitions internationales », 25 octobre 2023, <https://olympics.com/cio/news/questions-reponses-concernant-la-declaration-sur-la-solidarite-avec-l-ukraine-sur-les-sanctions-a-l-encontre-de-la-russie-et-du-belarus>, consulté le 17 novembre 2023.

Hérodote, n° 192, La Découverte, 1er trimestre 2024.

Il revient enfin à la tradition soviétique puisque l'URSS avait créé en son temps une compétition parallèle aux JO, les Spartakiades, et avait organisé les Jeux de l'amitié lors du boycott des JO de Los Angeles.

Être reconnu, modifier son image internationale, exposer sa puissance, jusqu'à tricher ?

Lors des deux dernières cérémonies d'ouverture, les téléspectateurs ont pu découvrir les délégations des derniers pays apparus sur la scène internationale avec le Soudan du Sud et le Kosovo. Pour ces États, être aux JO est déjà une réussite en termes de communication internationale. Mais cette cérémonie permet aussi à d'autres pays de tenter de modifier leur image internationale comme pour les pays du Golfe qui ont choisi une femme comme porte-drapeau lors du défilé. Il s'agit ici de répondre aux fréquentes critiques d'une partie du monde occidental sur le statut de la femme dans ces pays.

Pour le pays organisateur, être sélectionné est une immense victoire puisqu'il est sous le feu des projecteurs pendant une quinzaine de jours. Il peut alors développer une opération de communication qui se situe entre marketing territorial et relations internationales, au cours de laquelle il va mettre en avant la qualité des infrastructures, la performance de ses athlètes. La cérémonie d'ouverture est en quelque sorte le point d'orgue de la communication du pays. Pour la Chine, les JO de 2008 ont ainsi permis de l'identifier comme une véritable puissance technologique (l'image des taïkonautes), organisationnelle (tout a été quasi parfait avec un budget estimé à 40 milliards de dollars !) et sportive avec l'accès à la première place du classement des médailles. Pour certains, cette performance a symbolisé le passage de témoin entre les États-Unis et la Chine dans la domination du monde.

Au-delà de la visibilité acquise lors de la cérémonie d'ouverture, certains États visent l'obtention de médailles pour s'illustrer au niveau mondial, le but étant bien sûr de figurer à la meilleure place. Que ce soient les régimes fascistes ou les démocraties, les États ont très vite compris l'utilisation qui pouvait être faite du sport. La victoire d'un athlète ou d'une équipe devient la victoire du pays, cultive la fierté nationale et, pour les dirigeants, améliore la cohésion nationale ou, pour certains, justifie même de la supériorité de leur modèle (politique, économique, voire culturel). D'où les dérives observées pour atteindre ce but, qui culminent avec le dopage d'État. Elles sont les plus abouties car les États ont des moyens considérables. La guerre froide avait déjà illustré cette tricherie notamment côté bloc de l'Est suite aux témoignages recueillis après la chute du Mur et les performances époustouflantes[27] de certains Allemands de l'Est, entre autres, mais

27. Certains records en athlétisme ne sont toujours pas battus 40 années plus tard.

Hérodote, n° 192, La Découverte, 1er trimestre 2024.

la dernière décennie a montré que ces pratiques n'avaient pas cessé, notamment du côté de la Russie avec le retentissant scandale Rodchenkov[28] dévoilé dans le rapport McLaren commandé par l'AMA[29]. Il met au jour un dopage institutionnalisé et soutenu par l'État russe, au moins pour les JO de Pékin, Londres et Sotchi.

Profiter de l'exposition médiatique pour revendiquer

La couverture médiatique est telle qu'elle va servir de caisse de résonance pour d'autres acteurs qui sont extérieurs au système olympique. Un certain nombre d'organisations non gouvernementales vont pratiquer une forme de « marketing d'embuscade » pour défendre leur cause. Greenpeace, Amnesty International ou encore Reporters sans frontières (RSF), pour ne citer que les plus connues, font passer des messages percutants qui mettent en abîme les valeurs humanistes, universelles défendues par le CIO et la réalité des droits de l'homme rencontrée dans certains pays. En 2008, les affiches chocs d'une campagne d'Amnesty International intitulées « La Chine est prête[30] » dénonçaient les atteintes aux droits de l'homme au Tibet, tandis que RSF a su exploiter le parcours de la flamme olympique dans le monde occidental pour critiquer la Chine [Gillon, Grosjean et Ravenel, 2010]. Cette exploitation a été particulièrement habile puisque la Chine avait fait le choix d'internationaliser le parcours de la flamme sans en mesurer toutes les conséquences en termes médiatiques. Pour le CIO, cette évolution a été un nouveau défi puisqu'il a dû faire face à des attaques ne provenant pas d'États mais d'adversaires sur lesquels il n'a pas forcément prise. Il en a d'ailleurs tiré tout de suite les conséquences en décidant pour les JO suivants de revenir à la « tradition », c'est-à-dire un parcours dans le pays d'accueil.

Conclusion

Après avoir décrit les principales relations entre les acteurs composant le système olympique, nous avons focalisé notre attention sur le rôle du CIO et des États dans la dimension internationale.

Le premier a montré sa robustesse et sa capacité à contrôler le sport mondial au prix de concessions. A. Samaranch a fait passer le CIO d'un système amateur à une organisation internationale non gouvernementale qui a su se rapprocher

28. Nom du directeur de l'agence antidopage russe qui a témoigné sur l'étendue de la tricherie.

29. « McLaren Independent Investigation Report – Part II », AMA, 9 décembre 2016, <www.wada-ama.org/fr/ressources/mclaren-independent-investigation-report-part-ii> (consulté le 17 novembre 2023).

30. *« China is getting ready. »*

Hérodote, n° 192, La Découverte, 1er trimestre 2024.

de l'ONU pour pouvoir conserver son leadership sur le sport. Il l'a aussi fait entrer dans un professionnalisme qui génère beaucoup (trop ?) d'argent et des dysfonctionnements dangereux pour le sport. S'il n'était pas écrit dans la charte « organisation à but non lucratif », on pourrait s'interroger sur la nature même du CIO qui par bien des côtés ressemble à une multinationale gérant une marque. D'ailleurs, l'exploit le plus important du CIO est de pouvoir continuer à faire le grand écart entre les valeurs qu'il affiche, l'éthique à la base du sport, et la réalité d'un vrai business. Cette organisation a aussi réussi à dépasser des épisodes de tensions internationales fortes où les États ont tenté d'utiliser le sport.

Ces derniers ont utilisé le sport et la manifestation olympique chaque fois qu'ils l'ont pu car la caisse de résonance médiatique est telle qu'elle permet de délivrer et de modifier des images essentielles dans la construction des relations internationales. Après une période de « mondialisation heureuse », l'actualité brûlante de ces derniers mois réactive la dimension géopolitique du sport et de nouveaux développements sont à attendre pour les JO de Paris.

Bibliographie

AUGUSTIN J.-P. et GILLON P. (2021), *Les Jeux du monde. Géopolitique de la flamme olympique*, Paris, Armand Colin.

CHAPPELET J.-L. (2008), *The International Olympic Committee and the Olympic System: The Governance of World Sport*, Londres, Routledge.

CIO (2002), « Révision du programme olympique et recommandations concernant le programme des Jeux de la XXIXe olympiade en 2008 à Beijing », rapport du président de la commission du programme olympique à la Commission exécutive, Lausanne.

— (2009), « Dossier de candidature de la ville de Rio de Janeiro à l'accueil des Jeux olympiques et paralympiques 2016 », vol. 1, Lausanne.

— (2017), « Rapport de la commission d'évaluation 2024 du CIO », Lausanne.

— (2021), « IOC Marketing report – Tokyo 2020 », Lausanne.

— (2022), « Olympic marketing fact file, édition 2023 », Lausanne.

COLLOMB P. (1992), « Sport et État », *Pouvoirs*, n° 61.

FERRAND A., CHAPPELET J.-L. et SÉGUIN B. (2012), *Le Marketing olympique, co-création de valeur entre acteurs*, Louvain-la-Neuve, De Boeck.

GILLON P. (2011), « Une lecture géopolitique du système olympique », *Annales de géographie*, vol. 4, n° 680, Paris, Armand Colin.

GILLON P., GROSJEAN F. et RAVENEL L. (2010), *Atlas du sport mondial*, Paris, Autrement.

LATTY F. (2009), « Les Jeux olympiques et le droit international : rendez-vous manqué et rencontres du troisième type », *Annuaire français de relations internationales*, volume X.

MAYER O. (1960), *À travers les anneaux olympiques*, Genève, Cailler.

TERRET T. (dir.) (2011), *Histoire du sport et géopolitique*, Paris, L'Harmattan.

Hérodote, n° 192, La Découverte, 1er trimestre 2024.

Glossaire

ACI : Agence de contrôles internationale
AMA : Agence mondiale antidopage
CAIO : Comité d'aide internationale olympique
CIEPS : Conseil international pour l'éducation physique et le sport
CIO : Comité international olympique
CNO : Comité national olympique
COJO : Comité d'organisation des Jeux olympiques
FI : Fédération internationale
FIE : Fédération internationale d'escrime
IAAF : Association internationale des fédérations d'athlétisme
IBA : International Boxing Association
JO : Jeux olympiques
MO : Mouvement olympique
OBS : Olympic Broadcasting Services
OCS : Organisation de coopération de Shanghai
ONG : Organisation non gouvernementale
ONU : Organisation des Nations unies
SO : Solidarité olympique
TAS : Tribunal arbitral du sport
TOP : The Olympic Partners

Hérodote, n° 192, La Découverte, 1er trimestre 2024.

L'héritage des Jeux olympiques et paralympiques de Paris 2024 : éducation, organisation sportive et politique publique

Pierre-Olaf Schut[1]

L'« héritage » est au cœur du projet d'organisation des Jeux olympiques et paralympiques de Paris soumis au Comité international olympique (CIO). Cette notion d'héritage est d'abord un pivot dans l'argumentaire. Il articule les intérêts que l'organisation d'un tel évènement doit servir. D'une part, il permet de convaincre les habitants de la ville que l'engagement dans un projet évalué à plus de 6 milliards d'euros pour quatre semaines d'évènements, correspond à une dépense publique acceptable, sinon souhaitable. Mettre en avat l'héritage revient à s'engager à considérer les habitants et pas seulement les spectateurs, le durable au-delà de l'éphémère. D'autre part, l'héritage permet de mettre les Jeux au service de la stratégie du CIO qui est obligé de donner du sens à cet évènement. En effet, l'envergure qu'ont prise les Jeux dans les trois dernières décennies leur confère un ambivalent pouvoir d'attraction et de répulsion. Les évènements olympiques attirent le public puisqu'il s'agit des programmes télévisés les plus vus au monde et ils rebutent les organisateurs car ils les entraînent dans une surenchère de grandeur et de frasques qui les conduisent à des pertes monumentales, le plus souvent essuyées par les acteurs publics.

Dans ce contexte, les Jeux olympiques sont soumis à une période de crise des candidatures marquées par un mouvement convergent des édiles et de leurs électeurs : ils coûtent trop cher. Pour l'édition de 2024, la maire de Rome a retiré sa candidature pour ce motif. À Bucarest, les citoyens ont partagé cette idée à travers

Hérodote, n° 192, La Découverte, 1er trimestre 2024.

1. Professeur des universités, université Gustave-Eiffel.

le « non » issu du référendum populaire. L'histoire récente des candidatures est marquée par ce phénomène croissant [Bason et Grix, 2018] qui a contraint le CIO a changé en profondeur son système de sélection des villes hôtes. Avant ce revirement, la stratégie « héritage[2] » était le principal argument de l'institution sportive internationale pour donner du sens à la candidature des villes.

Dès lors, l'héritage des Jeux olympiques et paralympiques de Paris est-il un simple argument incontournable dans le cadre d'une candidature ? Un mot clé qui ne pouvait être omis ? Ou est-ce le pilier qui porte le bien-fondé de ce projet au service de la population française qui accueille l'évènement planétaire sur son sol ? Ces questions sont au centre de la discussion qui vise à mettre en tension l'argument de campagne et sa mise en œuvre.

Le prisme de notre lecture s'appuie sur des notions de sociologie de l'action publique car le déploiement de la stratégie « héritage » s'apparente à une politique qui articule des acteurs publics et privés, posant ainsi des questions de gouvernance. Il s'appuie ensuite sur des instruments pour rendre sa mise en œuvre plus ou moins efficace, sinon ineffective. Au-delà des parties prenantes, il y a des questions de territoires qui sont centrales pour spatialiser l'analyse. Le contrat de ville hôte est signé avec la Ville de Paris avec la caution du gouvernement. Mais les sites de compétition sont principalement situés dans le département de Seine-Saint-Denis. Ce découpage qui implique à la fois une multitude d'acteurs ayant des compétences différentes permet une lecture différenciée des stratégies « héritage » appréhendées selon un territoire et des compétences différentes. Cette lecture structure notre propos qui articule dans un ordre chronologique la construction de la stratégie « héritage » de sa définition à sa mise en œuvre par les parties prenantes impliquées dans l'organisation des Jeux olympiques et paralympiques.

Un héritage, quel héritage ?

La première question qu'il faut se poser renvoie à ce qu'implique le terme « héritage ». Il y a deux dimensions : l'héritage en lui-même, sa nature et sa qualité ; et la transmission entre le légateur et le légataire. Pour éclairer le premier aspect, il existe aujourd'hui plusieurs visions : une lecture institutionnelle comme celle du CIO ou une définition académique puisqu'il existe de très nombreux écrits sur la

2. Comité international olympique, « Approche stratégique en matière d'héritage. Une stratégie pour l'avenir », 2017.
<https://stillmed.olympics.com/media/Document%20Library/OlympicOrg/Documents/Olympic-Legacy/Approche-strategique-du-CIO-en-matiere-d-heritage-version-complete.pdf>, consulté le 26/10/2023.

Hérodote, n° 192, La Découverte, 1er trimestre 2024.

question désormais. Pour le CIO, l'héritage est, par définition, positif. Les effets négatifs de l'organisation des Jeux entre dans une autre catégorie de pensée. La littérature scientifique élargit la perspective sans exclure, *a priori*, des effets non souhaitables. Une méta-analyse réalisée par Scheu et Preuss [2017] montre l'ampleur qu'a prise la question de l'héritage en lien avec les Jeux olympiques. Il y a à la fois une multiplication des publications sur cette question, en particulier depuis les Jeux de Londres en 2012, et un élargissement des objets qu'elle recouvre. Si l'étude des infrastructures et des aménagements urbains est centrale, il existe de nombreux aspects liés à l'emploi, l'action sociale, l'éducation ou la pratique sportive. La dichotomie entre l'héritage matériel et immatériel prend tout son sens dans le cas de la candidature parisienne.

Les infrastructures sportives sont très souvent les premiers éléments qui viennent à l'esprit dès qu'il est question d'héritage des grands évènements sportifs. Or ils sont également associés à un double phénomène de surcoûts et de dettes à l'image du stade de Montréal utilisé pour les Jeux olympiques de 1976 [Roult et Lefebvre, 2010], et de sous-emploi, sinon d'abandon, par manque d'usage ou du fait des coûts de fonctionnement trop importants. Les « éléphants blancs » [Papanikolaou, 2013] hantent le CIO qui s'évertue à démontrer la rareté du phénomène[3]. Néanmoins, la maire de Paris s'est très tôt prévalue de cette critique en s'appuyant sur la disponibilité dans la capitale française de « 95 % des équipements[4] ». Dans le projet, la seule construction pérenne d'infrastructure sportive prévue est celle d'un centre aquatique. Toutes les autres, nécessaires aux Jeux, doivent être temporaires.

Néanmoins, les aménagements urbains représentent une part importante du budget de l'organisation des Jeux. La société de livraison des ouvrages olympiques (SOLIDEO) pilote l'ensemble des programmes de construction. Il s'agit ici de logements et de locaux d'activités tertiaires dans le cadre de la construction des villages des athlètes et des médias et, également, de voirie et ouvrages d'art. Cette opération d'aménagement de grande envergure n'est pas sans rappeler celle de Londres qui éveille les consciences sur ses écueils, notamment en termes de gentrification [Watt, 2013]. Elle n'est pas non plus sans rappeler d'autres opérations d'aménagement similaires comme en a connu le quartier des Batignolles, pressenti pour servir de village olympique pour les Jeux si Paris avait été élue

3. Comité international olympique, « Over 125 years of Olympic venues: post-Games use », 22 avril 2022. <https://stillmed.olympics.com/media/Documents/Olympic-Games/Olympic-legacy/Full-report-venues-post-games-use.pdf>, consulté le 26/10/23.

4. « Paris dévoile son projet pour les JO 2024 », AFP, 17 février 2016, France 24, <https://www.france24.com/fr/20160217-candidature-jo-2024-paris-slogan-jeux-olympiques-sports-los-angeles-rome-france>.

pour accueillir ceux de 2012. Comme nous l'avons montré [Schut, 2020], les Batignolles peuvent servir de témoin pour révéler que les opérations d'aménagement urbains peuvent se réaliser sans les Jeux mais que ces derniers accélèrent la mise en œuvre des travaux. Les impératifs des Jeux créent des conditions particulières à plusieurs titres : les risques de surcoûts notamment, si les impératifs de date de livraison conduisent à recourir au travail dominical ou nocturne ; la célérité des services publics liée à des organisations originales comme l'est la SOLIDEO, et un régime légal dérogatoire. Rappelons que, six mois après l'élection de Paris par le CIO, la première « loi olympique[5] » prévoyait un certain nombre de raccourcissements de délais de consultation dans le code de l'urbanisme.

L'héritage immatériel des Jeux reste le volet le plus marquant dans le projet parisien par rapport aux publics cibles : d'une part, les Parisiens se projettent moins sur des constructions dans la mesure où la ville est bien fournie en services publics et où le foncier parisien est déjà largement saturé ; d'autre part, la cible prioritaire de l'action sociale associée aux Jeux concerne les habitants de Seine-Saint-Denis. Le département est marqué par le niveau de vie le plus bas du pays. Le stade olympique, le stade de France, se situe sur la commune de Saint-Denis. Dès lors, réduire les inégalités entre Paris et la Seine-Saint-Denis devient une priorité. Les leviers d'action sont nombreux : clause de recours à une main-d'œuvre locale dans les marchés publics de travaux, action d'information et de formation pour accompagner les TPE/PME à répondre aux marchés publics de la SOLIDEO et du Comité d'organisation, recours aux entreprises de l'économie sociale et solidaire... Mais l'emploi et le développement économique ne sont pas les seuls objectifs. Dans un pays gagné par la sédentarité dont les conséquences délétères sur la santé publique sont bien connues, l'incitation à l'activité physique est un objectif de premier ordre. Il concerne particulièrement la jeunesse mais également tous les adultes jusqu'au grand âge. Plus largement l'Olympisme promeut une action éducative pour laquelle le sport est un média privilégié.

L'héritage tel qu'il est conçu ici est très large et protéiforme. Il recouvre à la fois des constructions matérielles et de l'action sociale et éducative. Si les aspects matériels sont précisément définis, la dimension immatérielle s'engage sur des transformations sociétales de grande ampleur tant par les effets visés que par la population ciblée. Les différents champs d'intervention sont à la croisée des compétences de différents acteurs publics et privés, locaux et nationaux. Dès lors se pose la question de la gouvernance de l'action publique.

5. Loi n° 2018-202 du 26 mars 2018 relative à l'organisation des Jeux olympiques et paralympiques de 2024, consultée sur <https://www.legifrance.gouv.fr/loda/id/JORFTEXT000036742943/ le 26/10/23>.

Hérodote, n° 192, La Découverte, 1er trimestre 2024.

Un héritage, des légateurs

Le Comité de candidature Paris 2024, dans son dossier remis au CIO, avait prévu la constitution de trois entités : un Comité d'organisation chargé de l'évènement à proprement parler ; la SOLIDEO pour gérer les constructions pérennes ; et un comité dédié à la question de l'héritage des Jeux. Ce dernier devait réunir l'ensemble des parties prenantes, publiques et privées, pour coordonner les actions et réunir les moyens alloués. Mais après l'élection de Paris par la commission exécutive du CIO à Lima en septembre 2017, la SOLIDEO est créée en décembre 2017, suivi par le Comité d'organisation Paris 2024 en janvier 2018 avec l'appui de la Direction interministérielle aux Jeux olympiques et paralympiques dirigée par Jean Castex. Mais le comité dédié à l'héritage ne verra jamais le jour.

Il faut souligner que la SOLIDEO et le Comité d'organisation articulent des acteurs et moyens financiers bien définis et coordonnés. La première réunit uniquement des acteurs publics, tous concernés par des travaux publics pour les ouvrages pérennes. Son financement est donc entièrement public[6]. De fait, les collectivités qui la composent connaissent clairement leurs engagements qui ne sont pas polémiques vis-à-vis de l'opinion publique puisqu'il s'agit d'ouvrages pérennes qui relèvent de leurs attributions : aménagement urbain et voirie essentiellement. Le second, le Comité d'organisation Paris 2024, avec un conseil d'administration composé d'acteurs publics et privés, est dédié prioritairement à la production de l'évènement et s'appuie très majoritairement sur des fonds privés. Ces fonds proviennent principalement des droits télévisés reversés par le CIO, des recettes des partenaires et de la billetterie. Aussi la création d'un comité dédié à la question de l'héritage pose-t-elle des problèmes de gouvernance partagée et de ressources mutualisées pour un programme dont seules les orientations générales sont définies. De ce fait, les décideurs renoncent à la création de ce comité et laissent à chacune des parties prenantes le soin de définir sa propre stratégie et d'y allouer les moyens qu'elle entend y consentir. Il y a là un double écueil mis en avant par V. Girginov [2012] à propos des Jeux de Londres en 2012 : en premier lieu, une perte de cohérence et d'efficience liée au morcellement des actions ; en second lieu, une perte de temps puisque chacun doit initier le processus de définition d'une stratégie/politique, ce qui repousse le début de sa mise en œuvre.

Les acteurs ont donc commencé à définir leur stratégie « héritage » au début de l'année 2018 en fonction de leurs compétences et de leur territoire pour les acteurs publics. Le vote de ces plans a fait l'objet d'annonces qui se sont succédé dans les

6. La SOLIDEO bénéficie de financements privés par l'intermédiaire des partenariats publics-privés.

Hérodote, n° 192, La Découverte, 1er trimestre 2024.

années qui ont suivi : le Conseil régional d'Île-de-France à la fin de l'année 2018, la Ville de Paris en juin 2019, le gouvernement par l'intermédiaire du ministère des Sports en novembre 2019, et le département de la Seine-Saint-Denis en 2021.

Dès lors, il est utile de se poser la question de la plus-value de ces projets. En effet, chacune de ces collectivités avait déjà une politique sportive. Cette stratégie « héritage » constitue-t-elle le prolongement des politiques publiques ou apporte-t-elle une réelle valeur ajoutée ? D'un point de vue strictement économique, dans les études d'impact des évènements, seuls sont considérés les apports extérieurs au territoire pour mesurer la valeur ajoutée. Sans cela, il y a soit une continuité des actions si les moyens sont constants ; soit des effets de substitution entre le sport et une autre compétence de la collectivité qui voit ses moyens diminuer. En dépit de ces actions parallèles, il faut tout de même noter l'implication du Comité d'organisation dans de nombreux comités de pilotage locaux pour assurer une coordination et apporter un soutien aux différents projets. En effet, le Comité d'organisation a lui-même ses ressources et objectifs. Comme l'État, il va déployer une ambition à l'échelle du territoire national et pas seulement des villes qui accueillent des épreuves. Si les moyens financiers sont limités (environ 60 millions d'euros pour apporter un changement significatif sur l'ensemble du territoire national), le Comité d'organisation comme le gouvernement vont s'engager dans un dispositif de labellisation pour mobiliser largement.

Les labels, des instruments de l'action publique

Les labels constituent des instruments de l'action publique. Ils sont les leviers qui visent à modifier les comportements des acteurs collectifs et/ou des individus [Bergeron, Castel et Dubuisson-Quellier, 2014]. Plusieurs labels sont créés très tôt dans le processus de déploiement de la stratégie « héritage ». Dès 2017, le label Génération 2024 est créé et vise particulièrement les établissements scolaires, du premier degré au supérieur. Pour obtenir ce label, l'établissement doit s'engager à mener des actions qui contribuent notamment à diffuser la philosophie de l'Olympisme, développer la pratique sportive et/ou créer du lien avec les associations sportives. La dynamique d'engagement des établissements s'accélère rapidement. Après avoir labellisé 263 établissements en 2017, on en compte 742 de plus en 2018 et 1 163 en 2019. À ce jour[7], près de 8 700 établissements sont labellisés, qui

7. Chiffres 2023. <https://data.education.gouv.fr/explore/dataset/fr-en-etablissements-labellises-generation-2024/export/?disjunctive.region&disjunctive.academie&disjunctive.commune&disjunctive.dept&disjunctive.type&disjunctive.cp&disjunctive.educ_prio&sort=uai>, consultée le 26 octobre 2023.

représentent près de 40 % des élèves du système éducatif français. L'accélération très forte dès 2018 est due à un double phénomène d'encouragement, de la part du ministère de l'Éducation nationale qui assure la gestion du label, et d'accessibilité.

La réalité sur le terrain est contrastée. Les établissements se sont engagés à mener des actions mais le label n'est pas directement associé à des moyens humains et financiers supplémentaires pour mettre en œuvre les projets. Dès lors, de nombreux enseignants ou directeurs d'établissement témoignent d'une certaine déception. Dans le contexte de la crise sanitaire qui s'abat sur le monde en 2020, avec ses contraintes de mobilité et d'accès aux équipements publics, l'élan initial est coupé. Même lors de la Semaine olympique et paralympique, largement relayée dans les médias, les établissements ont des difficultés à obtenir le soutien du mouvement sportif pour accueillir des sportifs de haut niveau et organiser des échanges avec les élèves. Dans le même temps, certains enseignants dans des établissements non labellisés disposent d'un réseau et sont plus à même de faire venir des intervenants de qualité. Ce constat réalisé lors d'une enquête sur la ville d'Issy-les-Moulineaux[8] montre que la labellisation n'est pas le gage d'une transformation. En effet, les situations sont très variées: des établissements labellisés peuvent avoir quasiment rompu leurs engagements du fait des contraintes matérielles et du contexte sanitaire, tandis que les établissements non labellisés ont démontré un investissement fort dans le développement de la pratique sportive. Les moyens additionnels associés à l'obtention du label se limitent à des supports pédagogiques et réduisent *de facto* les ambitions des porteurs de projets. Enfin, l'absence d'évaluation du dispositif ne remet pas en question le maintien du label. Dès lors, il n'y a pas de corrélation stricte entre la labellisation et une dynamique soutenue dans le développement de la pratique sportive.

Le label Terres de Jeux est piloté par le Comité d'organisation Paris 2024 et destiné aux collectivités locales. Comme Génération 2024, il incite les collectivités à s'engager dans des projets en phase avec la stratégie «héritage» de Paris 2024. Il touche aujourd'hui plus de 1 500 collectivités. Parmi elles, on compte la totalité des régions, la quasi-totalité des départements, la plupart des grandes agglomérations et de nombreuses communes de différentes tailles. Aussi, en termes de couverture géographique, le pari d'engager tout le pays est-il gagné car une très grande majorité de la population française est concernée par deux à trois niveaux de collectivités locales labellisées. Néanmoins, il ne faut pas oublier que les communes restent, de loin, les principaux financeurs du sport en France. Aussi constituent-elles le maillon clé d'une action transformante. La labellisation touche donc moins efficacement la population rurale.

8. Adem Kelkoul, «Les actions labellisées: l'héritage des Jeux olympiques auprès des jeunes d'Issy-les-Moulineaux», mémoire de master non publié, université Gustave-Eiffel, 2023.

Hérodote, n° 192, La Découverte, 1er trimestre 2024.

Plusieurs questions se posent à propos des collectivité labellisées : sont-elles uniquement des villes ayant déjà une politique sportive soutenue qui cherchent une forme de reconnaissance par le label ? Sont-ce des communes qui s'engagent dans cette voie pour donner une nouvelle dynamique à leur politique sportive ? Dans le premier cas, l'héritage du fait des Jeux est discutable car l'action publique s'inscrit dans une continuité. Dans le second cas, il est possible d'attendre un effet des Jeux. L'analyse du taux de pratique sportive dans les villes labellisées révèle une fois de plus une situation contrastée : les deux cas sont présents en grand nombre.

Le label Terres de Jeux n'étant pas associé à des moyens financiers de nombreuses collectivités limitent, de fait, l'ambition de leur programme ou cela engendre un effet de substitution entre le sport et un autre domaine d'intervention de la collectivité. Dès lors, la valeur ajoutée des Jeux est très discutable.

Néanmoins, la labellisation peut être un atout dans la candidature pour obtenir des subventions auprès de l'Agence nationale du sport. Elle constitue également une étape indispensable pour obtenir le label Centre de préparation aux Jeux. Ce label permet d'être répertorié par le Comité d'organisation auprès de toutes les délégations sportives internationales afin d'accueillir des athlètes étrangers qui souhaitent venir s'entraîner en France avant ou pendant les Jeux olympiques et paralympiques. De fait, les collectivités peuvent espérer des retombées économiques liées à la fréquentation touristique accrue de leur territoire. Parmi les collectivités répertoriées dans cette liste, un grand nombre d'entre elles se sont engagées dans des travaux de rénovation de leurs infrastructures pour s'élever aux standards actuels du haut niveau et offrir des conditions d'entraînement optimales.

Les centres de préparation aux Jeux concernent tous les sports olympiques. Il est clair que certains sites sont attractifs du fait de la rareté de leurs équipements, à l'image des vélodromes puisqu'il n'y a que trois vélodromes couverts en France avec une piste de 250 mètres. Dans de nombreux autres cas, les infrastructures sont plus courantes et les délégations ont de nombreuses possibilités. Il est probable qu'un grand nombre de Centres de préparation aux Jeux (CPJ) répertoriés ne reçoivent pas de visite d'une délégation. Si les travaux de rénovations engagés profitent à la population locale, il est possible de considérer un effet positif indirect. Néanmoins, les normes des équipements sportifs imposées par les fédérations sportives internationales sont souvent très exigeantes notamment sur les dimensions disponibles autour des aires de jeux ou la qualité des éclairages. Dès lors, il n'est pas exclu que certains équipements engendrent des coûts de fonctionnement élevés, notamment au niveau de la consommation énergétique, compte tenu de l'usage pour la population locale qui n'exige pas nécessairement ces conditions de pratique.

Au-delà des équipements, les collectivités locales contribuent largement au soutien du mouvement sportif associatif par l'intermédiaire des subventions

Hérodote, n° 192, La Découverte, 1er trimestre 2024.

adressées aux clubs. Comme l'engagement dans le label Terres de Jeux n'octroie pas mécaniquement de moyens supplémentaires, les collectivités ne peuvent pas soutenir davantage le mouvement sportif sans ponctionner d'autres lignes budgétaires. Mais la labellisation n'engendre pas toujours des subventions supplémentaires car le jeu politique intervient également dans les choix d'allocations des finances publiques. Il arrive même que certaines associations voient leur budget diminuer. Le cas du club omnisport de Saint-Denis révèle les paradoxes de la diffusion de l'héritage et de l'efficacité des labels. Cette association sportive réunissait en 2019 près de 5000 pratiquants. Alors que la majorité des clubs sportifs est revenue à son niveau d'activité de 2019 après la crise sanitaire, le club de Saint-Denis accueille, en 2023, 3200 adhérents. Dans le même temps, la subvention municipale a diminué d'un tiers. Cette commune labellisée, située au cœur des Jeux, est dans une situation qui se dégrade alors qu'elle est la cible prioritaire de cet évènement.

Les labels ne sont pas le gage d'une augmentation de la pratique sportive et leur multiplicité révèle des antagonismes. En effet, une commune labellisée qui s'engage dans des projets avec ses établissements scolaires ne distinguera pas ceux parmi eux qui sont labellisés ou non. Aussi des établissements non labellisés peuvent-ils profiter de l'engagement de leur collectivité au même titre que ceux qui le sont. Le niveau d'engagement des structures labellisées est également très variable : les unes mesureront des effets positifs, d'autres neutres et certaines négatifs. Dans ce contexte, seule une évaluation outillée des dispositifs permet d'établir l'effectivité des résultats et l'efficience de l'action publique.

Estimer l'héritage

Le regard critique sur les limites des dispositifs mis en œuvre ne doit pas voiler les actions et dynamiques existantes. En effet, dans de nombreux établissements scolaires et des communes, les engagements pris se traduisent par des actions positives. L'objectif est ici de montrer que la construction de l'héritage s'apparente à une action publique au sens de Hassenteufel [2011] qui pose des problèmes de gouvernance dans son organisation et qui est sujette à des déficiences dans sa mise en œuvre. À ce titre, elle peut être analysée en fonction de l'effectivité ou l'efficience de chaque action.

Il apparaît que la stratégie « héritage » mise en œuvre dans le cadre de l'accueil des Jeux olympiques et paralympiques à Paris en 2024 soit largement exposée à une forme d'ineffectivité invisible. En effet, l'évaluation de l'héritage à laquelle s'astreignent les acteurs qui s'engagent dans cette voie se fait souvent à travers des chiffres clés qui rendent compte de l'attribution des moyens ou des réalisations.

Hérodote, n° 192, La Découverte, 1er trimestre 2024.

Or le risque est grand de créer une confusion entre les *outputs* et les *outcomes* [Chen et Henry, 2019] ou les actions réalisées et les transformations attendues. L'héritage immatériel est largement fondé sur des transformations sociétales. Pour les mener à bien, un certain nombre d'actions doivent amorcer, initier, engager des changements dans les rapports sociaux. Deux limites s'opposent d'emblée : d'une part, une transformation sociétale durable se produit rarement à la suite d'une action de sensibilisation ponctuelle, aussi engageante soit-elle ; d'autre part, les actions touchent un public limité alors que les transformations attendues concernent l'ensemble de la population ou, tout au moins, de larges pans quand l'action est ciblée. Un bilan de l'action publique qui mettrait en exergue des chiffres clés comme le nombre d'établissements scolaires ou de collectivités territoriales labellisés n'aurait pas de sens compte tenu des disparités que nous avons mises en évidence.

J.-L. Chappelet [2019] s'est efforcé d'articuler cette question d'héritage des grands évènements sportifs à travers son modèle de « diamant olympique » qui met en tension *outputs* et *outcomes* et l'efficience de l'action publique menée dans ce cadre. En effet, le Comité d'organisation et les parties prenantes engagent de nombreuses actions auxquelles ils s'efforcent de donner une visibilité dans les médias. Ces actions visibles ont souvent des effets limités ou temporaires. À la décharge des organisateurs, les ambitions qui animent les stratégies « héritage » sont parfois hors d'atteinte. Les transformations sociétales de grande envergure nécessitent un engagement dans la durée et, même si l'organisation des Jeux s'inscrit dans un temps long, environ dix ans entre le début du processus de candidature et la clôture des Jeux, il s'avère que la mise en œuvre des stratégies « héritage » s'inscrit dans une temporalité réduite de moitié. Et la plupart des actions s'arrêtent brusquement après l'évènement.

À titre d'exemple, la Ville de Paris, dans sa stratégie « héritage »[9], a souhaité offrir un égal accès à l'espace public aux femmes et aux hommes. Cette transformation sociétale revêt plusieurs facettes. La plus importante est probablement relative à un sentiment de sécurité qui peut varier fortement en fonction des lieux et des heures au sein de la capitale. Déclinée dans le domaine sportif, il apparaît que la Ville gère des terrains d'éducation physique qui sont des espaces sportifs en accès libre qui permettent la pratique du football, basketball, skateboard, fitness et d'autres activités sportives en fonction de leur aménagement. Le constat initial est très marqué : ces terrains sont largement, sinon presque exclusivement, utilisés par des hommes.

9. Ville de Paris, *Transformations olympiques*, 2019.

Hérodote, n° 192, La Découverte, 1er trimestre 2024.

Dès lors, la Ville de Paris a construit un dispositif appelé « Paris sportives ». Il consiste à subventionner des associations pour qu'elles organisent des séances d'activités physiques destinées exclusivement à un public féminin sur les terrains d'éducation physique. Cette action est l'*output* qui doit participer à la transformation sociétale visée : offrir un égal accès à l'espace public aux femmes et aux hommes. Une évaluation du dispositif a révélé le succès de l'action engagée par la mairie de Paris : 24 associations sont mobilisées et près de 2 500 femmes ont été touchées de manière ponctuelle ou régulière pendant l'année 2022. En revanche, un regard sur les *outcomes* révèle un tableau moins positif : les terrains de sport restent encore très majoritairement utilisés par les hommes. Il n'est pas possible de conclure sur l'inefficacité du dispositif pour autant, mais il est important de prendre la mesure du phénomène visé par rapport à l'action menée. Avec plus de 2 millions d'habitants, l'*outcome* vise à changer les mentalités de plus d'un million de femmes pour qu'elles s'approprient davantage l'espace public sans oublier le million d'hommes qui doit contribuer à cette transformation. L'action engagée doit donc s'inscrire dans le long terme et être associée à d'autres actions dans d'autres domaines de la vie sociale pour atteindre son objectif.

Les *outputs* sont toujours plus aisés à caractériser et alimentent les rapports et bilans des actions avec des chiffres clés qui sont utilisés à outrance pour justifier des résultats ou le bien-fondé des actions. L'*outcome* est la fin en soi mais est plus difficile à atteindre et à mesurer. Peu nombreux sont les acteurs qui se donnent les moyens de cette évaluation et s'exposent au risque de résultats limités. Pourtant, l'*output* n'a de sens qu'au service de l'*outcome* et il est nécessaire de penser les dispositifs d'évaluation dans ce sens.

Faire vivre l'héritage

La notion de « *legacy* » se heurte à une représentation française du terme héritage. En effet, la vision anglo-saxonne englobe la construction de l'héritage avant l'évènement alors que le terme fait davantage référence au legs d'un patrimoine post-mortem dans notre pays latin. Dans ce sens, le Comité d'organisation de Londres a transmis le message suivant : il n'est jamais assez tôt pour construire l'héritage. Cette recommandation est pertinente car aucun acteur impliqué n'est dupe, la dynamique que connaît le monde du sport actuellement risque fort de s'essouffler après les Jeux. Les priorités établies pour produire les Jeux, les soutiens pour voir briller les athlètes, les synergies d'acteurs portées par un objectif commun, tous ces efforts se tourneront vers un nouvel objectif, un nouvel intérêt à l'issue de la cérémonie de clôture. Si les Jeux sont un accélérateur de transformations, il faut s'attendre à une décélération en 2025. Face au tarissement

Hérodote, n° 192, La Découverte, 1er trimestre 2024.

des soutiens financiers ou au recul de l'emploi dans le secteur, les acteurs se questionneront sur l'héritage des Jeux pour y chercher un soutien, sinon un appui.

Le premier regard se porte sur les éléments tangibles, le bâti. Le village des médias puis le village olympique après transformations augmenteront l'offre de logements. Un effet de gentrification avec une hausse des loyers est prévisible du fait du caractère de l'opération urbaine. En comparaison avec Londres, il est probable que ces nouveaux quartiers attirent une population plus aisée plus qu'ils n'excluent la population locale de l'accès au logement. Au niveau des équipements sportifs, les infrastructures rénovées offriront des conditions de pratiques meilleures mais pas nécessairement plus importantes car le nombre d'équipements n'a pas significativement changé. Les nouvelles piscines qui devraient voir le jour en Seine-Saint-Denis à partir des bassins provisoires des Jeux ont la délicate mission de faire progresser le « savoir nager » auprès de la jeunesse du département. Le meilleur maillage territorial sera un soutien important, mais il reste aux enseignants à prendre en charge l'apprentissage et aux collectivités d'en assumer les coûts de fonctionnement.

La question du budget de fonctionnement des équipements se pose également pour les grandes infrastructures créées pour ou dans l'élan d'une candidature parisienne. Le centre aquatique olympique réduira sa capacité d'accueil et accueillera la Fédération française de natation, comme le vélodrome national héberge la Fédération française de cyclisme et le stade nautique de Vaires-sur-Marne, la Fédération française de canoë-kayak et des sports de pagaie. Ces équipements dimensionnés pour accueillir des épreuves internationales sont-ils financièrement viables ? S'ajouteront-ils au stade de France parmi les équipements qui continuent d'être compensés par les finances publiques durant des décennies d'existence ?

Le second regard s'oriente vers l'héritage immatériel qui est au cœur du projet. Il est probablement le plus diffus et potentiellement le plus temporaire. L'élan immédiat et éphémère dans la pratique sportive est bien connu. Sa durabilité est sans cesse questionnée. Les objectifs ambitieux d'augmentation de la pratique sportive se sont d'abord heurtés à la pandémie de la COVID-19. Mais l'enjeu de l'accueil de nouveaux pratiquants dans les associations sportives et scolaires en septembre 2024 et, surtout, le maintien de leur engagement restent entiers. Dans les autres domaines, sociaux ou économiques, si le sport a été le support de l'action publique, les efforts pour une société plus égalitaire et l'augmentation du taux d'emploi continuera sous d'autres formes.

L'héritage des Jeux olympiques et paralympiques est l'expression d'une volonté partagée et d'un effort collectif pour une société plus juste. Sa mise en œuvre s'apparente à l'action publique qui mobilise un ensemble d'acteurs publics et privés qui partagent une même vision mais s'engagent dans des actions

Hérodote, n° 192, La Découverte, 1er trimestre 2024.

et projets différenciés. Elle s'apparente également à l'action publique dans ses aléas d'effectivité et d'efficacité en fonction des contextes locaux et des acteurs. Néanmoins, il est intéressant de souligner que l'héritage ne réside pas seulement dans les constructions tangibles, le développement de l'activité sportive ou l'action sociale, les Jeux, dans leur globalité, créent également des synergies originales entre les acteurs qui n'interagissaient pas ou peu. Le processus de construction de l'héritage est, en lui-même, un apport dont il ne faut pas sous-estimer l'intérêt comme cela a été identifié à Londres [Byers, Hayday et Pappous, 2019]. Cette transversalité est à prendre en compte parce qu'elle peut également contribuer à des transformations à long terme.

Bibliographie

BASON T. et GRIX J. (2018), « Planning to fail ? Leveraging the Olympic bid », *Marketing Intelligence & Planning*, vol. 36, n° 1, p. 138-151.

BERGERON H., CASTEL P. et DUBUISSON-QUELLIER S. (2014), « Gouverner par les labels », *Gouvernement et action publique*, vol. 3, n° 3, p. 7-31.

BYERS T., HAYDAY E. et PAPPOUS A.-S. (2019), « A new conceptualization of mega sports event legacy delivery : Wicked problems and critical realist solution », *Sport Management Review*, vol. 23, n° 2, p. 171-182.

CHAPPELET J.-L. (2019), « Beyond legacy : Assessing Olympic games performance », *Journal of Global Sport Management*, vol. 4, n° 3, p. 236-256.

CHEN S. et HENRY I. (2019), « Assessing Olympic legacy claims : evaluating explanations of causal mechanisms and policy outcomes », *Evaluation*, vol. 26, n° 3, p. 1-21.

GIRGINOV V. (2012), « Governance of the London 2012 Olympic Games legacy », *International Review for the Sociology of Sport*, vol. 47, n° 5, p. 543-558.

HASSENTEUFEL P. (2011), *Sociologie politique : l'action publique*, Paris, Armand Colin.

PAPANIKOLAOU P. (2013), « Athens 2004. Ten years later the Olympic infrastructure, the cultural Olympiad and the "white elephant syndrome" », *Journal of Power, Politics and Governance*, vol. 1, n° 1, p. 1-9.

ROULT R. et LEFEBVRE S. (2010), « Planning and reconversion of Olympic heritages : The Montreal Olympic stadium », *The International Journal of the History of Sport*, vol. 27, n° 16-18, p. 2731-2747.

SCHEU A. et PREUSS H. (2017), « The legacy of the Olympic Games from 1896-2016. A systematic review of academic publications », *Working Paper Series – Mainzer Papers on Sport Economics & Management*, 14, Mayence, Johannes Gutenberg-Universität Mainz.

SCHUT P.-O. (2020). « Bidding for the Olympic Games. A gearing effect ? », *in* DELAPLACE M. et SCHUT P.-O. (dir.), *Hosting the Olympic Games. Uncertainty, debate, controversy*, Londres, Routledge, p. 80-92.

WATT P. (2013), « "It's not for us" Regeneration, the 2012 Olympics and the gentrification of East London », City, vol. 17, n° 1, p. 99-118.

Hérodote, n° 192, La Découverte, 1er trimestre 2024.

La cérémonie d’ouverture des JO de Paris 2024 : une faille dans l’organisation ?

Médéric Chapitaux[1]

Au cours de son histoire, la France a accueilli à cinq reprises les Jeux olympiques : Paris en 1900 et 1924, Chamonix en 1924, Grenoble en 1968 et Albertville en 1992. Pour cette sixième organisation, Paris 2024 brise les codes de la compétition sportive en faisant entrer la cérémonie d’ouverture au cœur de la cité. La ville deviendra « le décor vivant d’un moment d’exception, les différents tableaux d’un spectacle total mettront en scène les monuments, ponts et établissements culturels qui bordent la Seine[2] ». C’est en partie sur cette promesse que la candidature de la France a reçu l’aval du Comité international olympique (CIO) pour obtenir l’organisation des Jeux olympiques et paralympiques (JOP).

Après la déroute sécuritaire de la finale de la Ligue des champions de football au stade de France en mai 2022, les regards se portent dorénavant sur l’organisation des JOP de Paris 2024. Alors que la date fatidique de la cérémonie d’ouverture approche à grands pas, le tumulte politico-médiatique persiste autour de cette importante phase de la compétition et, plus particulièrement, sur les risques sécuritaires. De l’inquiétude des Parisiens aux positions politiques les plus réfractaires, le professeur du CNAM, Alain Bauer, considère qu’il s’agit d’« une folie criminelle [...]. Il n’y a rien du point de vue de la sécurité et de la sûreté des athlètes, des organisateurs et du public qui n’est envisageable sous cette forme-là[3] ».

1. Sociologue, chercheur associé creSco, EA 7419, université Paul-Sabatier, Toulouse.
2. Paris 2024, « Une cérémonie olympique unique », <www.paris2024.org/fr/ceremonie/>.
3. Alain Bauer dans *C dans l’Air* : « La cérémonie d’ouverture des JO de Paris 2024 est une folie criminelle », France 5, 31 mai 2022, <www.facebook.com/Cdanslairf5/videos/la-c%C3%A9r%C3%A9monie-douverture-des-jo-de-paris-2024-est-une-folie-criminelle/484381730041152/>.

Hérodote, n° 192, La Découverte, 1er trimestre 2024.

Ainsi, l'emballement autour des questions de sécurité, dans un contexte géopolitique particulièrement sous tension, ne fait que conforter les interrogations relatives aux modalités organisationnelles de cet évènement planétaire. Pourtant, la ministre française des Sports et des Jeux olympiques et paralympiques, Amélie Oudéa-Castéra, se veut rassurante et précise que le gouvernement travaille à « des variables d'ajustement [...]. Il serait irresponsable de ne pas le faire. Mais nous voulons conserver le principe de cette cérémonie d'ouverture ». Dans un récent rapport, la Cour des comptes[4] s'inquiète pourtant du manque d'agents de sécurité privés. L'État pourrait mobiliser l'armée ainsi que les policiers et gendarmes réservistes pour pallier les manques de personnels. Ainsi, en dehors des habituels sujets d'échanges qui entourent l'organisation des grands évènements sportifs tels que les paramètres écologiques ou encore financiers, les aspects sécuritaires semblent prédominer pour les JOP de Paris 2024. Pourtant, le caractère innovant de cette cérémonie d'ouverture n'est-il pas une volonté bien française de se démarquer des traditionnelles organisations olympiennes ? À ce titre, Tony Estanguet, président du Comité d'organisation, a ajouté : « On vous le promet, la cérémonie d'ouverture des Jeux olympiques de Paris 2024 sera absolument magique. Sa mise en scène sera avant-gardiste, elle sera populaire et ouverte au plus grand nombre ; elle révélera au monde le meilleur de la France. Une fête comme aucune autre à laquelle tout le monde est invité[5] ! » Entre la promesse d'un évènement inédit et la vision anxiogène des forces de sécurité, où placer le curseur de la raison ?

Cela fait des années que le débat subsiste autour des questions de la violence dans et en dehors des stades. D'un point de vue graduel, bien que les menaces soient multiples et parfois hybridées, les autorités s'intéressent plus spécifiquement aux mouvements de foule et aux actes terroristes lors de ces grands évènements. Ce sont ces deux grands facteurs de risques qui mobilisent les réflexions des autorités. L'apparition de la question terroriste aux Jeux olympiques (JO) remonte « à la prise en otage de la délégation israélienne par un commando palestinien à Munich en 1972. La non-anticipation d'une telle attaque explique en partie le terrible bilan lors de l'assaut donné par les autorités allemandes » [Rezenthel, 2010, p. 65]. Le risque de voir les JO ciblés par un attentat est augmenté par la visibilité mondiale de l'évènement et la recherche de médiatisation des différents groupes terroristes.

4. Cour des comptes, « L'organisation des Jeux olympiques et paralympiques de Paris 2024 », rapport complémentaire au Parlement, article 29 de la loi n° 2018-202 du 26 mars 2018, juillet 2023, <www.ccomptes.fr/sites/default/files/2023-10/20230720-JOP-Paris-2024-complementaire.pdf>.

5. Comité olympique, « Les plans de la cérémonie d'ouverture de Paris 2024 dévoilés », <https://olympics.com/athlete365/fr/durant-les-jeux/les-plans-de-la-ceremonie-douverture-de-paris-2024-devoiles/>.

Hérodote, n° 192, La Découverte, 1er trimestre 2024.

En agissant de la sorte, lors de la cérémonie d'ouverture par exemple, les groupes terroristes s'assurent une retransmission simultanée de leur action sur les cinq continents [Rezenthel, 2010]. Avec une situation géopolitique particulièrement sous tension actuellement, ce risque demeure très élevé et pris en compte par les autorités. La seconde menace est plus connue, il s'agit de la gestion des foules que l'on peut comparer à celle des supporters. À ce titre, les sociologues du sport se sont attachés à travailler cette thématique en profondeur et une bibliographie conséquente permet d'appuyer notre réflexion tout en rappelant que le supporter d'un club peut avoir des comportements différents du spectateur des JO. Cependant, il est important de signaler l'historicité du supportérisme déviant, plus communément appelé « hooliganisme ». Depuis que le football « est mis en spectacle (c'est-à-dire à la fin du XIXe siècle), on recense, en effet, des incidents impliquant les spectateurs, quel que soit le niveau de compétition : invasion du terrain avec attaque des joueurs ou de l'arbitre, bagarres entre supporters, destructions matérielles autour de l'aire de jeu » [Comeron, 2001, p. 145]. Cette forme de supportérisme est définie par « des comportements d'agression physique (violence contre les personnes) et de vandalisme (violence contre les biens) produits par les spectateurs d'une manifestation sportive spécifique, le match de football, et se déroulant dans une zone géographique spécifique, le stade de football et ses alentours urbains » [Comeron, 2001, p. 145]. Si le football semble avoir été précurseur dans la gestion de cette déviance, il ne semble pas qu'il en détienne l'exclusivité au regard de certains processus identiques identifiés lors de combats de boxe notamment. Le hooliganisme s'inspire des mécanismes associés aux phénomènes de violences urbaines, donc du trouble à l'ordre public, et il « continue à menacer en permanence le déroulement des rencontres internationales et à constituer un important problème d'ordre public dans plusieurs pays européens » [Tsoukala, 2001, p. 160]. Le Comité d'organisation des Jeux olympiques et paralympiques (COJOP) valorise le caractère exceptionnel de la cérémonie en déchargeant la responsabilité de la sécurité sur les forces de l'ordre. Si la célèbre formule « le risque zéro n'existe pas » prend tout son sens dans ce genre d'évènement, cette cérémonie d'ouverture telle qu'elle est envisagée est-elle vraiment raisonnable ? Pour tenter de comprendre ce qui se joue, nous allons repartir dans l'organisation des Jeux antiques et modernes afin de mieux cerner les modalités organisationnelles de ce préambule festif des Jeux olympiques.

La cérémonie d'ouverture : un symbole des Jeux antiques et modernes

Selon les récits historiques, tout commence en Grèce, dans le Péloponnèse, il y a environ 3000 ans. L'histoire des Jeux remonte à l'Antiquité et prend ses racines en Grèce en 776 av. J.-C. Des concours sportifs organisés à Olympie avaient lieu

Hérodote, n° 192, La Découverte, 1er trimestre 2024.

tous les quatre ans et ont pris le nom de Jeux olympiques. La période de quatre années séparant les éditions de ces épreuves était nommée « Olympiade » et servait à l'époque de système de datation. Mais intéressons-nous à l'organisation même de ces Jeux antiques. La cérémonie d'ouverture est une procession religieuse constituée en cortège et en respectant l'ordre imposé par le protocole : les religieux en tête, les athlètes puis les spectateurs. Cette déambulation cultuelle se termine à l'intérieur du sanctuaire pour le sacrifice puis le serment des athlètes. C'est seulement à l'issue du respect de ces étapes que les Jeux peuvent débuter.

Pour participer aux Jeux olympiques, il est nécessaire de respecter trois critères : il faut être un homme, être d'origine grecque et être libre. La flamme olympique brûle durant la durée totale des Jeux, soit 5 jours. Les compétiteurs doivent également respecter une tenue pour l'entraînement et les compétitions. Ainsi, ils sont toujours « nus » afin de refléter l'idéal d'un équilibre harmonieux entre le corps et l'esprit. Puis chaque athlète doit prêter serment, en promettant de participer aux compétitions avec loyauté et dans le respect des règles. Sacrée et respectée dans toute la Grèce antique, la trêve olympique, annoncée par des messagers avant les Jeux, permettait aux spectateurs, sportifs et officiels d'aller et revenir d'Olympie en traversant en toute sécurité les nombreuses zones de conflits. Ces modalités organisationnelles perdureront jusqu'en « 393 de notre ère où se tiennent les 293e et derniers Jeux olympiques. En 394, l'empereur chrétien Théodose abolit les fêtes païennes, dont les Jeux grecs[6] ».

En 1894, Pierre de Coubertin lance son projet de rénovation des Jeux olympiques et, le 6 avril 1896, a lieu la célébration des premiers Jeux de l'ère moderne, à Athènes. À cette occasion, les références à la période antique sont nombreuses comme le fait que la plupart des compétitions se déroulent dans le stade panathénaïque, restauré pour l'occasion. Les disciplines au programme des Jeux olympiques antiques sont maintenues dans la version moderne proposée par le président du CIO. Le dernier clin d'œil aux origines est la création d'une course inspirée d'un évènement historique, le marathon. Lors de ces premiers Jeux modernes, ce sont 300 athlètes issus de 13 pays qui vont concourir sur 9 sports déclinés en 43 épreuves. Comme le mentionne le site officiel du CIO de nos jours :

> Dans le stade, les hommes en tenue traditionnelle grecque voisinent avec les Européens en costume. Les femmes utilisent de grands éventails de papier pour se protéger du soleil, les parasols ayant été interdits afin de ne pas gêner la vue. Peu après 15 heures, le roi et la reine de Grèce arrivent et sont accueillis officiellement

6. Comité national olympique et sportif français, « La fin des Jeux antiques », <https://cnosf.franceolympique.com/cnosf/actus/4922-la-fin-des-jeux-antiques.html#:~:text=En%20393%20de%20notre%20%C3%A8re,sont%20morts%20de%20leur%20paganisme>.

> par le prince royal et ses frères, le président du Conseil des ministres grec, et les membres du Comité hellénique et du Comité international olympique. Le prince royal prononce un bref discours dans lequel il évoque la genèse de l'entreprise et les obstacles qu'il a fallu surmonter pour la mener à bien. Il demande ensuite au roi de proclamer l'ouverture des Jeux avant que l'hymne olympique, écrit spécialement pour l'occasion par le compositeur grec Spyridon Samaras, ne résonne, interprété par 150 choristes[7].

Par la suite, Pierre de Coubertin crée un drapeau avec cinq anneaux entrelacés représentant les cinq continents pour indiquer l'universalité de l'Olympisme. Une devise est également inventée autour de trois termes « *Citius, Altius, Fortius* » (plus vite, plus haut, plus fort) afin de montrer l'état d'esprit des athlètes qui participent aux JO. De façon globale, les Jeux modernes invitent à un monde plus pacifique et la trêve olympique, qui promulgue l'arrêt des conflits, reprend le concept de celle observée pendant les Jeux de l'Antiquité. De nos jours, la trêve olympique fait l'objet d'une résolution des Nations unies, qui demande la cessation des hostilités autour de la période des JO, et la recherche de moyens de dénouement pacifique dans les zones de tension. Les athlètes qui soutiennent cette initiative sont invités à signer un « mur de la trêve[8] » situé dans le village olympique. Selon le site officiel du Comité international olympique (CIO), la cérémonie d'ouverture des Jeux modernes est basée sur un rituel immuable et laïc contrairement aux Jeux de l'Antiquité. Le protocole ainsi définit par le CIO impose que la cérémonie débute par l'entrée des athlètes dans le stade, par délégation, en respectant l'ordre alphabétique sauf pour la Grèce qui entre en premier et le pays hôte qui clôture la déambulation des nations. Dans un second temps, le chef d'État du pays organisateur proclame l'ouverture des Jeux qui est suivie de l'allocution du président du Comité d'organisation des Jeux et du discours du président du CIO. Puis, c'est le moment de l'entrée du drapeau olympique dans le stade, suivie de l'hyme olympique et du lâcher symbolique de colombes en signe de paix. Enfin, le serment du respect des règles est prononcé par un athlète du pays hôte et un membre officiel, au nom de l'ensemble des participants avant l'arrivée et l'allumage de la flamme. Cette cérémonie rituélique s'est ainsi toujours déroulée dans une enceinte sécurisée, qui est le stade, et ce depuis les premiers Jeux modernes jusqu'à la future cérémonie de 2024.

---

7. Comité olympique, « La cérémonie d'ouverture », <https://olympics.com/fr/infos/la-ceremonie-d-ouverture-1>.

8. <https://olympics.com/cio/news/le-village-olympique-accueille-le-mur-de-la-treve-olympique-2012-1>.

Hérodote, n° 192, La Découverte, 1er trimestre 2024.

Paris 2024, une proposition iconoclaste

En sortant du cadre depuis l'avènement des Jeux modernes, la cérémonie d'ouverture proposée par Paris 2024 marque une rupture avec les précédentes éditions. Pour cette nouvelle édition, la cérémonie s'annonce audacieuse, originale et unique. C'est en ces termes que les organisateurs annoncent l'évènement sportif le plus suivi sur les cinq continents. Le CIO prévoit de son côté un évènement grandiose au regard de la cérémonie d'ouverture inédite sur la Seine. Nous l'aurons compris, les effets d'annonce dithyrambiques pointent le caractère exceptionnel de la proposition française. Paris 2024 sera à jamais la première édition des Jeux olympiques à proposer une procession sportive, à l'instar des Jeux de l'Antiquité, en plein cœur de la ville hôte. Le parcours de 6 kilomètres le long du fleuve parisien se déroulera du pont d'Austerlitz jusqu'au pont d'Iéna pour se conclure avec la tour Eiffel en arrière-plan, où se tiendra l'allumage de la vasque olympique. Ainsi, le parcours va permettre d'observer la majorité des lieux culturels les plus prisés de la capitale notamment le musée du Louvre, la cathédrale Notre-Dame, la place de la Concorde, les Tuileries ou encore les Invalides. Par cette déambulation fluviale, les organisateurs visent à promouvoir le patrimoine de la capitale et ainsi promouvoir l'histoire, le sport et la culture de notre pays.

Pour rester une fête populaire, les objectifs de Paris 2024 sont très ambitieux puisque les organisateurs souhaitent pouvoir accueillir 600 000 spectateurs le long des berges parisiennes pour célébrer les 206 délégations constituées de plus de 10 000 athlètes répartis sur plus de 110 bateaux. Afin de permettre une plus grande visibilité au public, plusieurs écrans géants, des animations sur les ponts emblématiques du parcours et des sonorisations adaptées compléteront le dispositif festif.

Ainsi, la cérémonie d'ouverture de Paris 2024 est présentée comme une innovation à plusieurs titres, notamment la gratuité d'accès pour les 600 000 spectateurs attendus et le cadre « hors stade » qui ne s'est jamais réalisé à ce jour dans l'histoire des Jeux modernes. Pourtant, dès la diffusion du projet de candidature, des voix se sont élevées pour alerter sur le risque majeur représenté par le choix organisationnel de la cérémonie d'ouverture. Pour l'inspecteur général du ministère des Sports et vice-président de la région Île-de-France, Patrick Karam, « c'est un cauchemar pour tous les services de sécurité [...] parce que nous avons ces questions habituelles de dégradation, de violence, de délinquance, mais il y a la question sécuritaire absolue avec le terrorisme [...]. On ne pourra jamais garantir sur tout le parcours la sécurité de nos compatriotes[9] ». Ce sentiment

9. Camille Ducrocq, « La cérémonie d'ouverture des JO 2024 à Paris en danger : pour la région, renoncer est une option », *Actu Paris*, 30 mai 2022, <https://actu.fr/ile-de-france/

Hérodote, n° 192, La Découverte, 1er trimestre 2024.

CARTE 1. – PLAN DU PARCOURS DE LA CÉRÉMONIE D'OUVERTURE DES JOP 2024

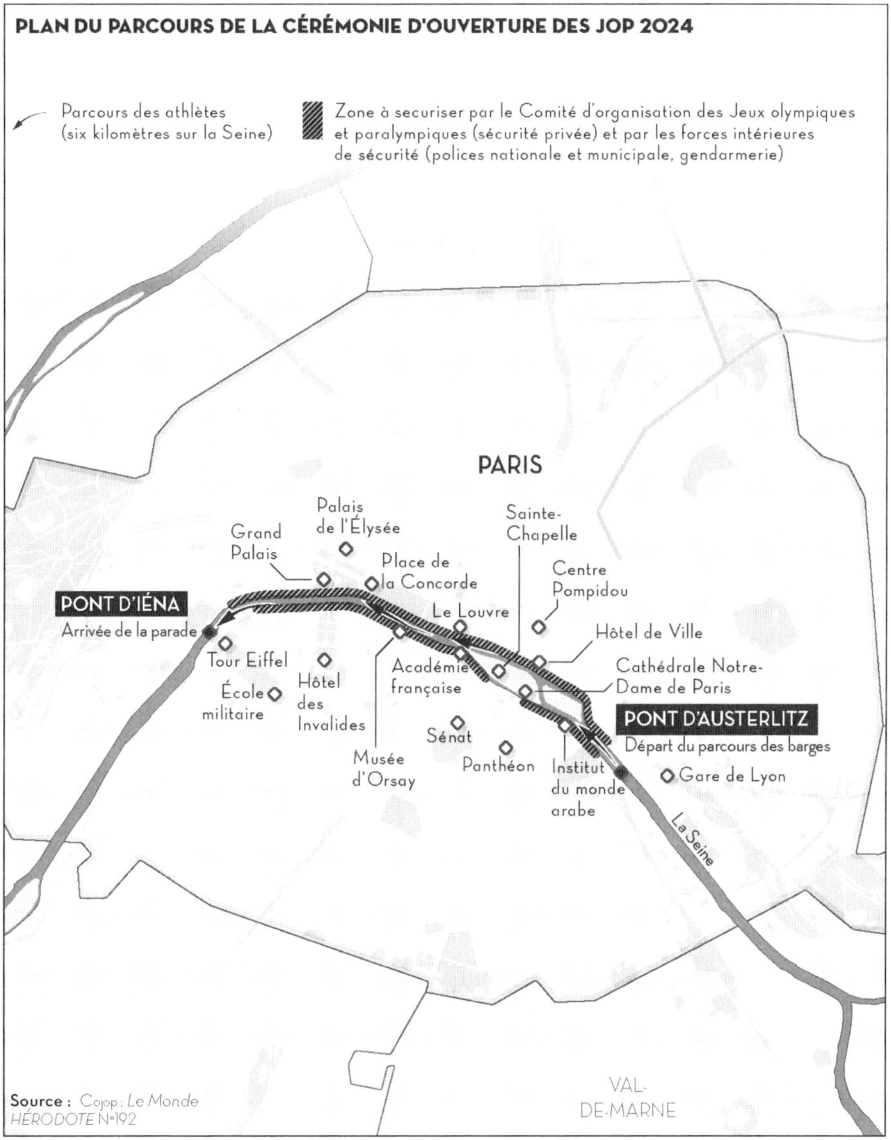

Hérodote, n° 192, La Découverte, 1er trimestre 2024.

semble partagé par de nombreux experts de la sécurité mais, à quelques mois du début de la compétition, il apparaît impossible d'envisager une autre option. Le seul recours envisageable relève de la mobilisation de l'armée, sans expertise dans le maintien de l'ordre et déjà fortement engagée par ailleurs.

Discussion

Le Comité d'organisation des Jeux olympiques et paralympiques (COJOP) et son président Tony Estanguet ont souhaité, par cette proposition de cérémonie innovante, s'inscrire dans les pas du baron Pierre de Coubertin. Pourtant, l'originalité de la proposition de Paris 2024 engage une prise de risques considérable pour les délégations, les autorités et les spectateurs. C'est ainsi qu'il faut observer cette cérémonie comme une gageure sécuritaire qui met en évidence deux risques majeurs : le mouvement de foule et l'attentat terroriste. Les autorités se retrouvent dans l'obligation de mobiliser des ressources considérables dans un espace tridimensionnel (espace aérien, espace aquatique/subaquatique et espace terrestre) tout en ayant une gestion de l'information et de la désinformation sur les réseaux sociaux notamment.

Le mouvement de foule

L'appréhension de la gestion des foules par les autorités est une compétence avérée depuis de très nombreuses décennies. Qu'il s'agisse de l'encadrement des manifestations ou des grands évènements sportifs, les forces de maintien de l'ordre s'entraînent régulièrement pour maintenir le niveau d'exigences attendu pour faire face aux éventuels débordements. La particularité de la cérémonie d'ouverture programmée le 26 juillet 2024 réside dans la gestion des flux humains positionnés sur les berges tout au long des 6 kilomètres du parcours fluvial. Si la jauge initiale des 600 000 spectateurs envisagés par le COJOP a été considérablement revue à la baisse pour se stabiliser à 300 000 personnes, comment instaurer un dispositif suffisamment efficace pour procéder à la fouille réglementaire de l'ensemble des spectateurs souhaitant participer à cet évènement majeur ? Car, au préalable, il faudra s'assurer que tous les individus pénétrant dans le périmètre sécurisé ne puissent en aucun cas porter atteinte à l'intégrité des participants. Puis, les autorités devront entrer dans la seconde phase opérationnelle de la gestion des espaces et des flux humains.

paris_75056/la-ceremonie-d-ouverture-des-jo-2024-a-paris-en-danger-pour-la-region-renoncer-est-une-option_51304802.html>.

Hérodote, n° 192, La Découverte, 1er trimestre 2024.

Cette inflexion significative souligne la mauvaise évaluation initiale de la faisabilité sécuritaire avec un tel volume d'individus sur les bords de la Seine. Le problème reste entier pour les autorités avec cette concentration humaine au bord de l'eau. Avec 100 000 privilégiés au plus près du fleuve, la possibilité d'un mouvement de foule risquerait de provoquer de multiples chutes dans le fleuve et les possibles noyades ne sont pas à exclure au cours des trois heures estimées pour la durée de la déambulation fluviale. Ainsi, la préfecture de police de Paris va devoir mobiliser, en plus des forces de l'ordre terrestre, un dispositif de prévention des noyades car il est impossible d'exclure, *de facto*, la chute de spectateurs ou d'athlètes passagers d'un bateau. Mais ce risque, aussi minime soit-il, n'est pas le plus complexe à appréhender. Pour complexifier l'approche sécuritaire, la Seine devient une véritable barrière infranchissable et limite ainsi les possibilités de fluidification des masses humaines en cas d'évènements impromptus. Dans la doctrine classique du maintien de l'ordre, les policiers et les gendarmes mobilisés contrôlent un axe ou un espace afin de concentrer les individus puis ouvrent les rues adjacentes pour faciliter la dispersion le moment venu, qu'il s'agisse de la fin de l'évènement ou la gestion d'un problème en cours de manifestation (dynamique ou statique). Dans le cadre de cette cérémonie d'ouverture, le moindre facteur déclencheur, aussi minime soit-il, peut entacher la fête tant les difficultés d'intervention et de libération des masses sont contraintes par la géographie des six kilomètres de parcours. La compartimentation des secteurs et les modalités de gestion des flux obligent à une grande autonomie des opérateurs sur le terrain et donc limitent la coordination globale des forces de sécurité. Cette séquence des JOP apparaît, de loin, comme la plus difficile à sécuriser, sachant qu'en plus de nombreux chefs d'État ou leurs représentants seront présents à cette occasion.

L'attentat

Depuis 1972, le risque d'un attentat terroriste est intégré dans toutes les réflexions sécuritaires du Comité olympique international et des organisateurs. Le contexte géopolitique actuel implique une plus grande acuité des services de renseignements et de lutte antiterroriste, et la France se retrouve à nouveau ciblée par les groupes djihadistes[10]. Ainsi, en sus de la gestion traditionnelle des supporters, les autorités doivent prévenir tout projet d'attentat dans un espace ouvert à la géographie complexe. Pour ce faire, la protection du parcours va devenir la priorité de la

10. Steve Tenré, « Al-Qaïda menace la France et la Suède d'une attaque terroriste », *Le Figaro*, 15 septembre 2023, <www.lefigaro.fr/actualite-france/al-qaida-menace-la-france-et-la-suede-d-une-attaque-terroriste-20230915>.

Hérodote, n° 192, La Découverte, 1er trimestre 2024.

sécurité intérieure. Si les dimensions aérienne, aquatique et subaquatique semblent plus aisées à protéger, la dimension terrestre apparaît impossible à sécuriser. Au-delà de la gestion de la foule, il est nécessaire de vérifier tous les appartements, tous les parkings, les commerces, les égouts. Dans un modèle idéal, aucune zone ne devrait présenter la moindre faille, ce qui paraît effarant pour les forces de l'ordre chargées de cette mission. Bien sûr, les techniques d'attentat sont plurielles, toutes plus ignobles les unes que les autres, et en faire une litanie n'apporterait rien à la réflexion. Cependant, dans le cadre d'une manifestation en milieu ouvert, les possibilités sont plus nombreuses que dans un stade. L'enceinte sanctuarisée, où se déroule habituellement la cérémonie d'ouverture, est plus aisée à sécuriser et rassure les services de sécurité internationaux chargés d'accompagner les différentes autorités et délégations. Avec cette proposition iconoclaste, les options criminelles sont multipliées et les forces de sécurité intérieure ne peuvent s'appuyer sur aucun retour d'expérience. Par conséquent, ces incertitudes font basculer les réflexions stratégiques dans une forme de surréalisme qui vise à multiplier les scenarii envisageables. Pour endiguer ces menaces potentielles, les autorités vont devoir mobiliser un nombre conséquent de personnels qualifiés.

Conclusion

Dans son dernier roman, Bernard Werber [2022] met en exergue une héroïne spécialisée dans la manipulation des foules. Cette terroriste, fruit de l'imagination de l'auteur, conceptualise la massification humaine comme une arme qu'elle utilise lors d'attentats qu'elle perpètre à travers le monde. Cette fiction s'avère terriblement inquiétante au regard de la configuration de cette cérémonie d'ouverture tant désirée par le mouvement sportif.

Pour optimiser la sécurisation des six kilomètres, des 400 000 spectateurs (300 000 gratuits et 100 000 payants) et l'ensemble de la compétition, les autorités n'ont pas d'autres choix que de mobiliser les ressources du renseignement et de la lutte antiterroriste habituellement stationnées en province. Ces compétences deviennent incontournables pour tenir les objectifs sécuritaires attendus par le Comité international olympique et l'ensemble des acteurs. Cette stratégie cohérente visant à concentrer les forces de sécurité intérieure en un seul et même territoire crée toutefois une nouvelle fragilité. En affaiblissant ainsi les autres départements, les préfets se retrouvent démunis des forces de renseignement et de maintien de l'ordre chargés de prévenir les différents risques sur leur zone de compétence.

La mise en œuvre de cet évènement planétaire est un défi que toutes nations organisatrices tentent de relever avec responsabilité. Dans la proposition des JOP Paris 2024 et son contexte géopolitique particulièrement anxiogène, la cérémonie

Hérodote, n° 192, La Découverte, 1er trimestre 2024.

d'ouverture est à la fois une audace qui caractérise bien notre nation et, en même temps, une prise de risque considérable sur le plan sécuritaire. Comme l'a dit Napoléon Bonaparte, « impossible n'est pas français », alors rendez-vous le 26 juillet 2024 !

Bibliographie

COMERON M. (2001), « Pour une gestion sociopréventive du hooliganisme », *in* BASSON J.-C. (dir.), *Sport et ordre public*, Paris, La Documentation française.

REZENTHEL S. (2010), « Une nouvelle ère pour les Jeux olympiques : l'ère sécuritaire. Quels enjeux ? », *Cahiers de la sécurité*, n° 11.

TSOUKALA A. (2001), « La gestion policière du hooliganisme : Angleterre, Italie, Pays-Bas », *in* BASSON J.-C. (dir.), *Sport et ordre public*, Paris, La Documentation française.

WERBER B. (2022), *La Diagonale des reines*, Paris, Albin Michel.

Hérodote, n° 192, La Découverte, 1er trimestre 2024.

Les cyberattaques : un enjeu de sécurité primordial

Entretien avec Pierre André[1]

Garantir la sécurité des Jeux olympiques et paralympiques de Paris 2024 est un des défis majeurs que les organisateurs doivent impérativement relever. Les Jeux olympiques d'été sont l'évènement sportif le plus regardé au monde. Ils attirent des milliers d'athlètes venant de plus de 200 pays ainsi que des millions de téléspectateurs, voire plus d'un milliard pour la cérémonie d'ouverture. Le moindre incident serait retransmis dans le monde entier et la sécurité de cet évènement est donc une priorité absolue. C'est pourquoi les autorités françaises comptent, en sus des forces régaliennes, sur la sécurité privée. Parmi les risques envisagés, celui des cyberattaques n'est pas le moindre. Lors des Jeux de Tokyo, en 2021, 450 millions de cyberattaques avaient été recensées. Les organisateurs des JO de Paris s'attendent à ce que ce nombre soit huit fois supérieur.

Hérodote. — Comment l'expérience des Jeux olympiques précédents vous a-t-elle aidé à analyser la menace et les risques cyber pour les JO de Paris 2024 ?

Pierre André. — Lorsque nous avons commencé à travailler, le retour d'expérience n'était pas forcément très élevé. Je pense qu'il y a eu une incapacité globale à faire du retour d'expérience sur les menaces en général pesant sur les Jeux olympiques et, qui plus est, sur les cybermenaces. Il y a un évènement en particulier qui reste dans la mémoire de tout le monde, ce sont les JO de Montréal en 1976. Certes, cela date d'il y a quand même de nombreuses années, avec le peu de systèmes d'information qu'il pouvait y avoir à l'époque, donc il faut pondérer. Il n'en reste pas moins que les JO de Montréal ont été effectivement perturbés par

Hérodote, n° 192, La Découverte, 1er trimestre 2024.

1. Pierre André est spécialiste de la gestion des risques.

une cyberattaque. Et même si les cyberattaques à l'époque étaient moins sophistiquées qu'aujourd'hui, cela a tout de même eu pour effet d'entraîner un report. En fait, ils ont eu 48 heures de perturbation électrique des systèmes d'information et plusieurs épreuves ont dû être reportées ou déportées. Cela a engendré un très gros stress parce que, pendant quelques heures, ils se sont vraiment demandé si une partie des épreuves allait pouvoir se tenir. Montréal reste ainsi dans la mémoire des comités d'organisation comme le fait générateur du risque cyber vis-à-vis de toute l'organisation des JO, au sens large. Et, depuis, il y a eu quand même beaucoup d'alertes.

Londres était déjà très vigilante sur le sujet. Suite aux JO de Montréal, la focalisation était sur le déroulé des épreuves elles-mêmes, c'est-à-dire le risque d'une attaque cyber sur les notations des épreuves. Londres, en revanche, a intégré le fait que la menace cyber pouvait aussi toucher tous les autres aspects du déroulement des Jeux et a aussi pris en compte la dimension plus géopolitique du risque. Car il faut rappeler que Londres, en 2012, était sous menace terroriste. Les organisateurs ont envisagé comment une attaque cyber pouvait toucher l'organisation au sens large des Jeux : les infrastructures de transport, la billetterie, l'ensemble des risques liés à une attaque cyber ont été pris en compte. Et Londres avait d'ailleurs très tôt, plus de 8-9 mois avant l'événement, mis en place des « solutions » de gestion de crise, de transfert d'épreuves et de continuité d'activité, notamment au cas où la ville aurait subi un problème d'immobilisation des transports.

Et d'ailleurs, l'organisation des JO de Londres, avec l'aval du CIO bien sûr, a décidé de son propre chef, à l'époque, de publier des espèces de cahiers retour d'expérience sur ces éléments-là. Ils sont toujours sur Internet et c'est très intéressant. Ensuite, Tokyo bien sûr, représentait aussi un très gros point de vigilance, d'autant que les Jeux se sont déroulés en pleine pandémie de la COVID-19. Il y a donc eu un double enjeu. L'organisation de Tokyo a été hyper vigilante. C'est aussi l'olympiade où ils ont intégré le risque cyber y compris dans la conception des bâtiments et des infrastructures sportives. Le dispositif de prévention, d'analyse et de gestion des risques cyber a même été étendu au fait que l'on puisse subir des attaques ou des phénomènes d'espionnage ou de piratage de données au moment même de la conception des ouvrages olympiques.

Hérodote. — Quel type d'infrastructure, par exemple ?

Pierre André. — Typiquement, le grand stade qui a été monté à l'occasion des JO. Ils ont aussi fait une extension de ligne de métro. Donc, déjà à l'époque, les infrastructures olympiques – au moins les infrastructures sportives – ont bénéficié d'éléments de prévention et de gestion des risques cyber.

Hérodote, n° 192, La Découverte, 1er trimestre 2024.

Hérodote. — Qui est à l'initiative de cette stratégie de prévention des risques cyber ?

Pierre André. — Dans l'organisation des Jeux, ce qui est un peu compliqué et pas forcément connu du grand public, c'est que le CIO et le COJO sont des institutions privées. Donc quand la ville hôte ou le pays hôte gagne les Jeux, ces organisations formulent et émettent un certain nombre de préconisations. Mais ces préconisations sont dans un premier temps forcément d'ordre général. Ces institutions s'impliquent de plus en plus dans l'organisation au fur et à mesure que se rapproche la date de l'olympiade. Mais tout ce qui se passe sur la préparation très amont et jusqu'à 2 mois avant l'évènement, c'est finalement le pays hôte ou la ville hôte qui s'en occupe, en suivant les préconisations du CIO et du COJO ; et finalement, sans pour autant faire ce qu'elle veut, c'est la ville hôte qui les suit au niveau qu'elle estime être le bon. Et donc c'est forcément un peu complexe.

Je pense que pour la France cette façon de procéder a été bonne parce qu'on a une approche institutionnelle et légale de la gestion des risques qui est déjà très rodée. Elle n'est peut-être pas forcément aussi structurée pour les risques cyber qu'elle peut l'être sur d'autres risques, par exemple de type atteinte à l'environnement, pour lesquels le champ réglementaire existe et est déjà intégré dans les droits de la construction, dans la capacité à construire des infrastructures. Alors que dans la partie prévention des risques cyber, il y a bien sûr des réglementations liées aux données mais les risques cyber ne sont pas encore inscrits dans le fond structurel du droit aujourd'hui. Cette approche élaborée de la gestion des risques fait que l'on a pensé la prévention des risques cyber sur l'ensemble des dispositifs olympiques. C'est pourquoi, si je suis à même de parler du dispositif olympique sur l'ensemble des infrastructures, je ne suis pas à même de parler de celui sur l'organisation des épreuves puisque, là, c'est Paris 2024 qui est en gestion directe.

Cette approche de la gestion des risques est excellente. Elle est basée sur les résultats tirés de plusieurs expériences. Et d'ailleurs l'Agence nationale de la sécurité des systèmes d'information (ANSSI)[2] est allée à Tokyo, comme la plupart des grands maîtres d'ouvrage et il y a eu des retours d'expérience, il y en a eu aussi un peu de Londres. Ce qui est curieux, en revanche, c'est qu'il n'y a pas eu vraiment de conférences ou de retour d'expérience d'experts du COJO, ce qui est vrai pour le cyber comme sur les autres risques.

2. L'ANSSI est l'autorité nationale en matière de cybersécurité. « Acteur majeur de la cybersécurité, l'ANSSI apporte son expertise et son assistance technique aux administrations et aux entreprises avec une mission renforcée au profit des opérateurs d'importance vitale (OIV). Elle assure un service de veille, de détection, d'alerte et de réaction aux attaques informatiques. » <https://www.ssi.gouv.fr/agence/missions/lanssi-en-un-coup-doeil/>.

Hérodote, n° 192, La Découverte, 1er trimestre 2024.

Hérodote. — Pourtant, les Jeux olympiques de Tokyo ont subi une cyberattaque assez massive qui leur a quand même bien fait peur. Que s'est-il passé ?

Pierre André. — Oui, ils ont subi une cyberattaque très massive même. Mais cette cyberattaque était très ciblée sur le dispositif logistique et la billetterie.

C'était de toute façon très attendu. Les billetteries sont attaquées en permanence. Après Tokyo, les organisateurs ont reçu des retours d'expérience qui sont partiels. Les comptes rendus donnés ont en tous cas montré une rapidité de réaction qui a été assez grande. Cela dit, ils ont eu très peur parce que c'est vrai qu'ils se sont fait vraiment déborder et qu'à un moment donné ils ont dû arrêter tout le trafic autour de la billetterie, en raison d'un gros doute sur le fait que les billets effectivement émis peu de temps avant l'ouverture des Jeux soient valables et pas truqués. Ils ont donc pris, comme souvent, la solution la plus pragmatique, à savoir qu'ils ont refait un tri manuel. Il a fallu engager des gens pour revérifier tous les billets suspects à la main.

En l'occurrence, les attaques sur la billetterie sont sans doute les attaques les plus attendues ; pas forcément les plus sécurisées mais les plus attendues parce qu'il n'y a pas que les JO qui subissent ce type d'attaque. Et là, pour le coup, ce sont le CIO et le COJO qui coordonnent. Toute la partie prévention du risque cyber autour de la rentabilité financière de l'évènement, donc tout ce qui est lié à la billetterie est internalisé par le COJO et le CIO depuis de nombreuses années. Sur les moyens de prévention et de lutte, il y a beaucoup d'échanges avec la FIFA et avec d'autres organisations du même type qui ont besoin de sécuriser leur billetterie. Et même si ce n'est pas invulnérable à 100 %, c'est vraiment le secteur sur lequel ils sont le plus avertis.

Hérodote. — Donc le CIO et le COJO prennent directement en charge certains risques et, pour le reste, ils font des préconisations mais sans forcément fournir un vrai retour d'expérience ?

Pierre André. — Oui. Il faut vraiment considérer, d'une part, toute la partie informatique de l'évènement – donc la partie web, billetterie financière, etc. – et pilotage des épreuves (remontée des notes, etc.), sur laquelle il y a eu aussi quelques aventures mais pas uniquement liées à des attaques cyber d'ailleurs, liées parfois à des défauts de système. C'est cette partie qui est prise en charge par le CIO et le COJO.

Et, d'autre part, tout le reste – notamment la partie sécurité des infrastructures au sens large – qui est du champ des pays ou des villes hôtes et sur laquelle on a des niveaux de prévention qui peuvent être très inégaux.

Hérodote, n° 192, La Découverte, 1er trimestre 2024.

Hérodote. — Quel est aujourd'hui l'état de la menace ? Quelles sont les menaces les plus importantes et les risques qui sont anticipés ?

Pierre André. — Aujourd'hui, clairement, ce sont les infrastructures. Pas uniquement sur les JO d'ailleurs, donc ce n'est pas un scoop. Les infrastructures sont la grande crainte, d'abord parce qu'aujourd'hui, d'un point de vue géopolitique, leur porter atteinte serait l'attaque la plus frappante, parce qu'elle serait très visible, parce qu'elle toucherait un nombre de gens absolument conséquent, parce que politiquement cela produirait un effet très fort en termes d'image. De plus, il faut bien voir que pour Tokyo ou Londres, le village olympique, où logent les athlètes, était en dehors de la ville. Autrement dit, toute l'infrastructure d'hébergement et de transport des athlètes a mené à des constructions prévues pour cela, avec un éloignement de la ville en elle-même. Et dans la cartographie des lieux de compétition – à Tokyo en particulier – il y avait seulement un ou deux lieux de compétition qui étaient vraiment dans le centre de Tokyo. Dans la mesure où Tokyo est une ville très étalée, les autres lieux de compétition étaient vraiment dans les grandes banlieues. À Londres, c'était un peu moins le cas et c'est d'ailleurs pour cela qu'ils ont été très vigilants, mais à l'époque les attaques cyber sur les infrastructures étaient largement moins matures qu'elles ne le sont aujourd'hui.

Or, en France, on cumule un peu les expositions au risque. Le village des athlètes est dans Paris. Et au nord, il y a Saint-Denis où se dérouleront plusieurs compétitions. Hormis les quelques lieux de compétition vraiment déportés, comme Marseille ou Lille, tous les lieux de compétition, même les sites périphériques comme Élancourt ou Versailles, sont en fait tous liés à l'infrastructure RER ou RATP groupe, qui est ancienne. Le métro parisien est très, très vieux, les réseaux RER sont très anciens, donc forcément avec un niveau de connaissance ou de maturité du réseau électrique qui pose problème. Les expositions au risque sont donc forcément plus élevées.

Hérodote. — Peut-on imaginer des attaques indirectes sur le réseau électrique pour faire tomber les systèmes numériques ?

Pierre André. — Exactement ! Directes ou indirectes. Aujourd'hui, il y a une vraie conscience de cela. Des groupes de travail préfectoraux sont menés avec les opérateurs sur le fait de sécuriser l'ensemble de ce réseau, que ce soit d'un point de vue logique (cybersécurité) ou d'un point de vue physique. Mais il reste toujours un doute sur la connaissance de la totalité des accès à ce réseau-là, qui est quand même très ancien.

Hérodote, n° 192, La Découverte, 1er trimestre 2024.

CARTE 1.– ZONE DE SÉCURITÉ POUR LA CÉRÉMONIE D'OUVERTURE DES JOP 2024

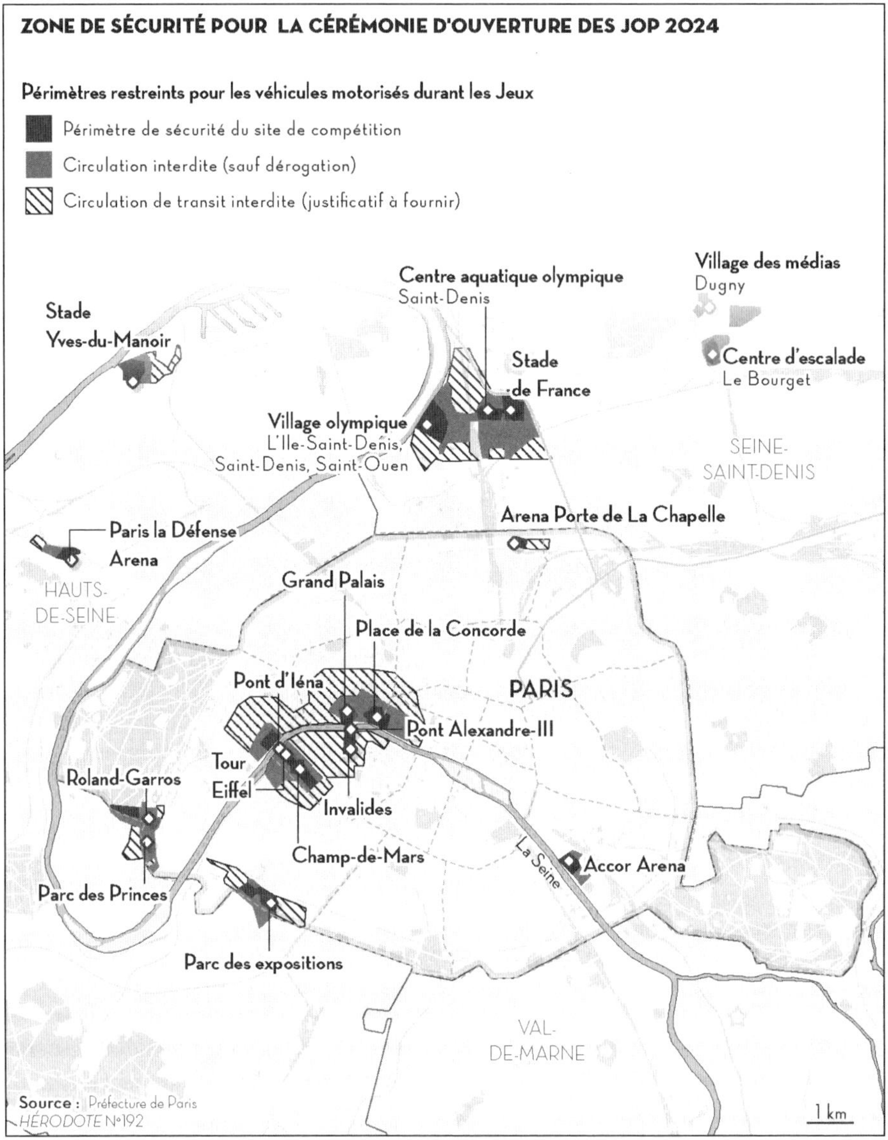

Hérodote, n° 192, La Découverte, 1er trimestre 2024.

Hérodote. — Qu'est-ce qu'une cyberattaque pourrait produire comme effet? Pouvez-vous donner quelques exemples des effets qui sont les plus redoutés ?

Pierre André. — Il ne faudrait pas donner des idées aux attaquants ! L'effet le plus redouté, c'est avant tout le blackout sur les lignes principales. Et d'ailleurs, même sans attaque cyber, la RATP y est confrontée. Quand on regarde les sites principaux olympiques et la manière dont les spectateurs vont globalement s'y rendre, ça se joue sur trois lignes de métro. Donc forcément, si on bloque la ligne 1, la 4 et la 14, on va bloquer la moitié de Paris. C'est une évidence. De plus, les lignes du Grand Paris qui devaient être finalisées pour désengorger le métro et limiter les risques ne sont malheureusement pas terminées. Donc le scénario le plus redouté aujourd'hui, c'est une attaque réussie sur les installations électriques ou logiques de la RATP. C'est d'ailleurs pour cela que l'État travaille de manière acharnée pour prévenir ce risque et, de la même manière, sur tout ce qui pourrait perturber toute la signalisation routière, ce qui est plus compliqué parce qu'elle est moins centralisée. En effet, dans le cadre des JO, la circulation dans Paris autour de la zone des Jeux va nécessairement être interdite. Donc la préfecture va réguler l'ensemble des circulations à partir des autoroutes parisiennes, avec l'organisation de circulation de bus et de voies réservées. La marge de manœuvre va être hyper réduite. Donc toute attaque, une fois de plus logique ou physique, qui pourrait bloquer la circulation, engendrerait immédiatement des difficultés très importantes étant donné le nombre de personnes concernées. Ce serait extrêmement rapide et massif.

Et beaucoup des solutions de transfert sont des solutions de transfert piétonnes. Car une fois de plus, on revient sur la même problématique de vétusté des infrastructures. À la RATP notamment, dès que l'on est sous terre, s'il n'y a plus d'électricité, on ne peut plus évacuer les gens. La RATP est évidemment au courant mais leur problème essentiel, c'est la vétusté du métro parisien. La crainte la plus importante est donc clairement là, sur les infrastructures de transport. Et ce n'est pas la préoccupation du CIO ou du COJO, mais clairement celle de l'État français.

En comparaison, à Londres, l'inquiétude majeure portait sur l'infrastructure de l'eau potable. Mais à Paris, cette infrastructure a l'avantage d'être beaucoup plus dispersée géographiquement, donc avec des solutions de repli qui seraient beaucoup plus faciles à mettre en œuvre et beaucoup moins automatisées donc moins exposées aux attaques cyber, aussi curieux que cela puisse paraître.

Hérodote. — En termes de risques géopolitiques associés, est-ce que la guerre en Ukraine, avec les décisions sur les modalités de participation des athlètes sous bannière russe ou non, contribue à l'augmentation des risques ?

Pierre André. — Oui, cela fait partie des craintes mais pas beaucoup plus que la Russie en général, l'Iran, des hackers en service commandé ou des criminels.

Hérodote, n° 192, La Découverte, 1er trimestre 2024.

Je pense qu'il y a une conscience que de toute façon ce contexte géopolitique-là va conduire à des expositions importantes. Je crois que la question n'est pas tant de savoir qui va attaquer que de savoir quelle ampleur cela va prendre et quels moyens seront mis en œuvre.

Hérodote. — Comment s'est construite la stratégie de cybersécurité ? Comment avez-vous travaillé ? Et avec qui ?

Pierre André. — Quand la France a gagné, le CIO/COJO a diffusé un guide qui répertoriait un certain nombre de risques, dont les risques cyber.

Il faut bien prendre conscience que la France a gagné les JO en 2017, et que Paris 2024 a été créé dans la foulée. Sauf que pendant deux ans Paris 2024 n'était qu'une équipe d'une petite dizaine de personnes, donc pas forcément avec les moyens de structurer des plans d'action. De plus, la COVID-19 a reporté les Jeux de Tokyo d'un an, ce qui fait que les préconisations du CIO/ COJO ont été retardées d'un an alors qu'en revanche la date des JO de Paris n'a pas été reportée. On a donc perdu un an. Et on le voit encore aujourd'hui, le retard n'a pas vraiment été rattrapé.

Au départ, dans la conception globale des stratégies de cybersécurité, on a commencé par de la sensibilisation massive au risque et de l'échange d'expérience. La première prise de conscience collective sur les risques cyber s'est faite à propos des BIM (Building Information Modeling), c'est-à-dire des maquettes numériques pour les bâtiments. Elles ont constitué une des premières portes d'entrée sur le sujet. Les ouvrages olympiques au sens large, cela comprend bien sûr des ouvrages sportifs mais aussi de la construction pour le village olympique, des enterrements de ligne à haute tension, des ponts, des continuations de voie routière, c'est donc très vaste. Ainsi, derrière la notion d'ouvrage olympique, il y a beaucoup d'infrastructures. Et tout le monde s'est dit : attention, on va mettre en place des maquettes numériques des bâtiments, mais il ne faut pas que ces maquettes puissent, d'une part, être piratées – pour des raisons compréhensibles de lutte contre le terrorisme – et, d'autre part, être truquées. L'intérêt d'une maquette numérique est de faire travailler ensemble tous les corps de métiers, y compris pour la finition, et qu'ils puissent concevoir par anticipation un assemblage du bâtiment. Or pour que leur anticipation soit bonne, il est important que les points de référence de ces plans ne puissent pas être modifiés. Donc, très tôt, SOLIDÉO, la société de livraison des ouvrages olympiques, s'est mise en contact avec l'ANSSI pour soulever ce point de vigilance.

L'ANSSI est d'abord rentrée dans le jeu, en appui des différents maîtres d'ouvrage pour les alerter et leur demander de sécuriser les maquettes numériques. Et là on a tout de suite perçu la différence de niveau culturel et de moyens des entreprises. Les gros constructeurs comme Bouygues, Vinci et autres avaient déjà

Hérodote, n° 192, La Découverte, 1er trimestre 2024.

des réseaux cyber sécurisés. Par contre, nécessairement, de plus petites maîtrises d'ouvrage ou des conseils généraux régionaux n'ont pas les moyens humains d'avoir une sécurisation importante. Certains maîtres d'ouvrage dans le cadre des JO font un gymnase tous les trois ans. Donc leur infrastructure informatique (IT) n'a pas un niveau de sécurisation suffisant.

Hérodote. — Pourtant, Bouygues construction a quand même subi une attaque massive fin janvier 2020.

Pierre André. — C'est vrai, mais oui et non. Les BIM ont été faites avant la période où Bouygues et d'autres ont subi des attaques. Ils ont pris conscience qu'ils avaient tout de même des points d'amélioration à apporter. Mais à la date d'aujourd'hui, rien ne montre, bien au contraire, que les attaques cyber dont ont été victimes les grands de la construction étaient liées aux JO. C'était souvent des rançongiciels, avec des objectifs purement financiers.

Cette question des maquettes numériques a permis à l'ANSSI, pendant toute la première partie de préparation des JO, de jouer un rôle d'évangélisation plus qu'un rôle de conseil ou de formation. C'est aussi ce qu'a fait le DIJOP, le préfet délégué aux Jeux olympiques et paralympiques, parce que c'est aussi une spécificité de l'État français d'avoir mis tout de suite en place un préfet délégué aux Jeux olympiques. Et, dans le contexte français, cela a représenté une force car cela a permis, autant que faire se peut, d'aligner sur des objectifs communs des acteurs très différents avec des priorités très différentes, et donc de mettre sur le devant de la scène des sujets comme la cybersécurité qui ne sont pas forcément les sujets habituels de ceux qui construisent des infrastructures.

Depuis environ deux ans, l'ANSSI rentre de plus en plus dans la finalisation des infrastructures, sur la partie sécurité logique des futurs réseaux de surveillance vidéo ou encore de moyens d'accès. Et, de fait, l'immense majorité des infrastructures et autres éléments clés bénéficient désormais soit d'un audit, soit d'une revue de l'ANSSI. Il reste toutefois des fragilités. On l'a vu lors des grèves et des manifestations autour du village olympique. Il a suffi aux manifestants de savoir où se trouvait l'armoire électrique pour arrêter les chantiers, heureusement pas très longtemps. Mais cela démontre qu'il y avait donc encore des vulnérabilités. Il n'en reste pas moins que l'ANSSI est de plus en plus présente sur cette partie de sécurisation logique des infrastructures et des objets olympiques.

La prise de conscience de la menace est réelle et, pour connaître un peu le reste de la France, les infrastructures des JO bénéficient d'un état de l'art en termes de cybersécurité des réseaux qui est très supérieur aux autres infrastructures du territoire. Mais toujours avec cette difficulté liée à la sécurisation physique du réseau lui-même.

Hérodote, n° 192, La Découverte, 1er trimestre 2024.

Hérodote. — Et donc, qui met en œuvre cette stratégie de cybersécurité ? Avec quelle coordination ?

Pierre André. — Typiquement, c'est la préfecture de police de Paris, mais aussi la cellule du ministère de l'Intérieur, l'organisation de gestion de crise de l'État, le tout coordonné par le préfet délégué aux Jeux olympiques (DIJOP). C'est vraiment le DIJOP, avec l'appui de l'ANSSI, qui coordonne les réunions auxquelles participent les grandes maîtrises d'ouvrage, les grands opérateurs comme la RATP, Enedis, etc. Ils font partie d'une sorte de comité rapproché qui se réunit maintenant périodiquement pour travailler sur le sujet du risque cyber mais aussi les autres sujets de sécurisation physique.

De la même manière, depuis maintenant trois ou quatre ans, il y a des procédures de filtrage des salariés qui travaillent sur les infrastructures pour s'assurer qu'il n'y a pas de dispositifs de noyautage interne. Les renseignements français sont bien entendu aussi très à l'affût. La gestion de ces risques est difficile. Sur les chantiers, on a beau mettre en place un contrôle d'identité, ce n'est jamais complètement fiable, notamment pour des raisons d'échange de pièces d'identité difficilement détectable. Donc ces vulnérabilités existent aujourd'hui.

Je serais toutefois tenté de te dire, même si je ne peux pas parler à la place de Paris 2024, que le niveau de confiance sur les infrastructures informatiques logiques est relativement élevé, en tout cas sur la partie gérée par la France. Après, sur les dispositifs au niveau de la billetterie, sur les dispositifs financiers, cela relève du COJO/CIO. Mais sur les dispositifs d'accès, en tout cas, le niveau de prise de conscience est important. Il n'y a pas un acteur clé des JO qui n'ait à un moment donné été directement contacté ou mis dans la boucle sur ces mesures de sécurité. Ces mesures vont très loin, y compris sur les infrastructures d'adduction d'eau, sur les infrastructures de gestion des barrages au niveau de la Seine. Donc la coordination de l'ensemble des acteurs se fait bien ; mais avec une fois de plus la difficulté liée au nombre d'acteurs en jeu compte tenu du fait qu'on organise toutes les épreuves dans une ville qui est hyper resserrée géographiquement.

Hérodote. — Avez-vous travaillé sur la base de scenarii pour essayer d'anticiper les vulnérabilités, ce qui pourrait être attaqué et avec quelles conséquences ?

Pierre André. — L'ANSSI a bien sûr fourni des scenarii extraits des Olympiades précédentes, voire d'autres grands évènements, et des recommandations sur la partie sécurisation logique et même sécurisation physique. Il y a déjà eu des tests partiels sur la base de ces scenarii-là auprès de certains opérateurs. D'autres sont prévus normalement en début d'année prochaine, pour tester par exemple la capacité de réaction des serveurs réseau et, le cas échéant, pour tester les plans de continuité d'activité qui sont mis en place derrière.

Hérodote, n° 192, La Découverte, 1er trimestre 2024.

Hérodote. — Et donc tout ce qui est lié à des billetteries financières mais aussi à la gestion des épreuves, par exemple mesurer les temps de course, les remontées de données, les résultats, tout cela relève des systèmes d'information du CIO/COJO ?

Pierre André. — Justement, ce ne sont pas ceux du COJO/CIO, même si c'est de leur responsabilité. Ce sont ceux de leurs sous-traitants. Et c'est là que c'est un peu compliqué. Très honnêtement, je n'ai pas de vision sur le sujet et je pense que peu de gens en ont une. Car la partie gestion de la billetterie et gestion des épreuves en elles-mêmes est entièrement sous-traitée du point de vue informatique. Cela fait maintenant des années que le COJO/CIO a des contrats avec IBM et d'autres. C'est le sous-traitant qui est en charge de cette sécurisation et qui est censé assurer la continuité d'activité.

Hérodote. — À part cette difficulté, quels sont les autres obstacles dans la mise en œuvre de ces stratégies ?

Pierre André. — La difficulté, c'est clairement la coordination d'un nombre d'acteurs aussi grand. Heureusement, sur Paris, c'est relativement homogène mais ça reste complexe. Il y a par exemple la Société des eaux de Paris et Véolia sur la fourniture d'eau, ENGIE bien sûr qui s'occupe de l'adduction électrique, RTE sur le réseau. Mais quid de la coordination fine entre toutes ces entités ? Ou de la RATP et de l'ensemble des réseaux SNCF, qui sont des réseaux régionaux ? On voit les difficultés sur le branchement RATP-SNCF. Il suffit de prendre le RER et le métro tous les jours pour comprendre que la coordination n'est pas optimale. Et du point de vue des infrastructures informatiques, c'est encore plus complexe. Sur des plateformes comme la Défense, par exemple, on a eu des discussions extrêmement intéressantes, à savoir où commence et où s'arrête, en termes de sécurisation du réseau, le périmètre de la RATP, le périmètre de la SNCF, le périmètre de la collectivité de la Défense qui gère des plateaux et des infrastructures, le périmètre d'ENGIE... La vulnérabilité, comme toujours en France, est sur le qui fait quoi. Où est la frontière au-delà de laquelle chacun est censé intervenir ou pas ? Et les coûts consécutifs sont gigantesques !

Et pourtant, ce qui m'a totalement fasciné dans ce projet olympique, c'est à quel point, compte tenu de tout ce que je viens de dire – et de la difficulté des étages administratifs en France, des couches de millefeuille administratif, des autorisations de la réglementation, etc. –, on trouve une volonté assez incroyable de tous les acteurs qui travaillent sur les projets olympiques. Ils ont vraiment envie que ça marche ! On constate globalement une rapidité d'exécution inédite, un niveau d'implication incroyable, une mise à disposition des connaissances par les gens qui sont absolument étonnants et que je n'ai jamais vus autre part. C'est un peu

Hérodote, n° 192, La Découverte, 1er trimestre 2024.

le paradoxe, malgré la complexité du millefeuille administratif on n'a jamais eu autant de personnes de bonne volonté qui donnaient accès à leurs connaissances, à leur retour d'expérience. Et ça, c'est un immense avantage !

Cependant, la difficulté intrinsèque au fait d'avoir fait tous les projets olympiques au centre de Paris, c'est la connaissance des points de faiblesse. Or ils sont forcément dans les interfaces entre tous ces opérateurs, dans l'ancienneté du réseau et les endroits que l'on ne connaît pas bien.

Hérodote. — Est-ce parce qu'il y a une imbrication totale des infrastructures ?

Pierre André. — Il y a une imbrication totale et un niveau de lucidité globale de tous les acteurs : la RATP, le RER tombent régulièrement sur des points de faiblesse sans qu'il y ait pour autant de cyberattaque et ça crée des perturbations majeures. C'est que ce tout le monde redoute.

L'enjeu clé est, compte tenu de ce qui arrive aujourd'hui relativement souvent, de pouvoir faire face à une cyberattaque objective, protéger les systèmes et prévenir les risques, alors même qu'on aura à peu près 25 fois plus de trafic que d'habitude, et ce en permanence.

Hérodote. — Quelles sont les principales mesures de cybersécurité qui ont été prises pour prévenir ces risques ?

Pierre André. — Sur la partie billetterie, le niveau de sécurité a été augmenté puisque tout billet est désormais nominatif. Il est donc impossible de faire du trafic de billet et ils ont mis en place un réseau d'analyse de données très puissant pour qu'*a priori* toute tentative d'attaque à des fins frauduleuses soit détectée quasiment instantanément. Sur la partie organisation des Jeux, les dispositifs se mettent en place progressivement, avec les premières commissions d'installation technique s'engage une revue de l'ensemble des infrastructures réseaux pour les sécuriser.

Sur la partie infrastructures de transport, des audits ont déjà été mis en place sur l'ensemble des infrastructures clés. On regarde par exemple toutes les possibilités d'accès physique ou logique aux infrastructures pour les sécuriser. La RATP, tout comme la SNCF d'ailleurs, a renforcé depuis maintenant depuis deux ou trois ans toute sa partie cybersécurité, notamment avec des centres de sécurité des opérations.

Je pourrais aussi citer le dispositif de plan de continuité d'activité, qui permet de continuer à assurer les activités même en cas de cyberattaque réussie. L'État a demandé à tous les grands opérateurs de mettre en place un plan de continuité d'activité et de le tester. Le premier cercle des opérateurs est directement concerné (ENGIE, RTE, etc.) pour avoir au moins des possibilités de repli en cas d'attaque réussie qui paralyserait tout ou partie du réseau.

Hérodote, n° 192, La Découverte, 1er trimestre 2024.

Hérodote. — Est-ce qu'il y a aussi des dispositifs de mise à disposition de bus au cas où le métro tombe en panne ? Est-ce que cela va jusque-là ?

Pierre André. — Cela ira jusque-là mais c'est encore dans le cadre des discussions parce qu'en raison du report de Tokyo, le COJO n'a toujours pas vraiment donné des dimensions de flux. Aujourd'hui, on a des dimensions de flux moyens mais on n'a pas encore les quantités définitives de personnes. Ils sont en train de les modéliser.

Hérodote. — Il risque d'y avoir beaucoup plus de monde qu'à Tokyo, où le contexte COVID a limité la participation.

Pierre André. — Ah ça c'est sûr ! La question ne se pose même pas, il y aura plus de monde qu'à Tokyo. *A contrario*, Paris est une ville très touristique, et c'est pour cela que tout le monde se dit que ça devrait bien se passer. Paris a l'habitude de gérer d'importants flux touristiques, surtout dans cette zone-là. C'est d'ailleurs la manière dont la RATP réagit, et avec raison, en disant que de toute façon même si ça fait beaucoup de monde, ce n'est pas insurmontable. On organise quand même l'arrivée du Tour de France et d'autres grands évènements, et ça se gère.

Et Paris n'est pas non plus une ville si étalée, contrairement à d'autres mégapoles, qu'on ne puisse rejoindre un point facilement, y compris à pied. Quelque part, la séparation entre les réseaux SNCF et RATP, en termes de continuité d'activité, est un élément de repli qui peut aussi être intéressant, si l'un des deux vient à être paralysé. Finalement, dans le centre de Paris, on n'est jamais très loin d'une gare RER. Cela se fait un peu à la française aussi : on se débrouillera !

Hérodote. — Au pire, on peut rejoindre les sites à pied.

Pierre André. — Oui c'est possible et ce n'est pas la première fois que la France organise de grands évènements avec beaucoup de monde dans les métros. Quand on a un grand évènement et qu'une ligne de métro tombe en panne, tout est désorganisé mais on y arrive. Le seul point sur lequel tout le monde se dit qu'il faut être vigilant, c'est si des cyberattaquants arrivent à bloquer l'ensemble du réseau RATP et ce pendant plusieurs jours, là ça sera très compliqué. Mais une fois de plus, ce qui sauve la France, c'est que la RATP n'est pas complètement automatisée. Les lignes automatiques, en fait, il n'y en a que 3. Et les anciens de la RATP disent, avec raison, qu'ils ont déjà réussi à piloter à la main des lignes entières.

Hérodote, n° 192, La Découverte, 1er trimestre 2024.

Hérodote. — Cela fait beaucoup réfléchir. En basculant vers le tout numérique, on concentre de plus en plus les risques sur des infrastructures qui sont vulnérables et difficiles à sécuriser, sans prendre complètement la mesure du risque.

Pierre André. — Complètement ! Finalement, l'automatisation telle qu'on est en train de la pousser, dès qu'on réfléchit en termes de continuité d'activité, ce n'est pas bon.

Mais paradoxalement, ce qui rassure sur le périmètre Paris France, c'est qu'énormément d'infrastructures RATP, SNCF, voies navigables, d'adduction d'eau potable restent manuelles. Les vannes ne sont pas pilotées par le numérique ou alors elles sont « débranchables ». Ce sont par exemple des vannes qui ont été connectées au réseau mais sur une base ancienne, parce qu'on ne peut pas tout changer d'un coup. Et finalement, de cette solution pragmatique, ressort une autre conséquence qui, là, interpelle tout le monde : certes on pourrait piloter ces infrastructures à la main, mais avec qui ? Et en plein mois d'août ? C'est là qu'on se rend compte que les solutions de transfert ne sont pas liées seulement au cyber. La grande action que tous les opérateurs sont en train de mener, c'est de choisir qui va rester. À qui on demande de rester ? Qu'est-ce qu'on donne comme rétribution pour rester pendant les vacances ? Si on ramène des personnels des régions à Paris, comme ça va être le cas, comment les loge-t-on ? Parce qu'en plein JO, ça va être impossible de les loger.

En résumé, avec pragmatisme et grâce à l'investissement de tous, la France a tout de même mis de son côté tous les atouts pour que ces Jeux se passent au mieux.

Hérodote, n° 192, La Découverte, 1er trimestre 2024.

Les Jeux de l'« État espagnol » en « nation catalane », géopolitique régionale des Jeux méditerranéens 2018 à Tarragone

André Suchet[1]

Les Jeux méditerranéens sont une compétition multisports des différents pays du bassin méditerranéen depuis 1951, date de la première édition en Égypte, à Alexandrie. Ils sont organisés par le Comité international des Jeux méditerranéens (CIJM) reconnu par le Comité international olympique (CIO) et se déroulent tous les 4 ans. Ces Jeux se situent dans ce que le CIO nomme les Jeux régionaux[2], qui rassemblent des pays proches géographiquement et culturellement sur les principes de la Charte olympique [Augustin et Gillon, 2021 ; Singaravelou et Sorez, 2010 ; Belmaati, 2022]. Dans un article qui fait autorité, intitulé « Les Jeux régionaux, témoins de l'universalisation des sports », Errais et Fates [1989] montrent que dans le contexte de la décolonisation ces Jeux ont été pensés comme un moyen de diffusion du modèle occidental de pratique sportive, mais aussi de diffusion de l'« idéal olympique » – idéal tout aussi occidental –, et enfin comme un moyen d'assurer une emprise du Mouvement olympique dans les différentes régions du monde. Comme ils précisent, « l'aval accordé par le CIO aux divers Jeux régionaux s'obtient grâce au strict respect de règlements spécifiques édictés par cette suprême instance ». Par le biais d'une hiérarchie subtilement mise en place, le CIO et ses organes déconcentrés ou délégués imposent depuis le début du siècle précédent une sorte de contrôle sur l'ensemble des pratiques corporelles à travers le monde.

1. Maître de conférences HDR, université de Bordeaux, LACES.

2. Au même titre que les Jeux africains, les Jeux asiatiques, les Jeux panaméricains, les Jeux des îles de l'océan Indien ou encore les Jeux du Pacifique.

Hérodote, n° 192, La Découverte, 1er trimestre 2024.

Les Jeux méditerranéens rassemblent actuellement vingt-six nations comme le Maroc, l'Algérie, la Tunisie, la Libye et l'Égypte en Afrique, le Liban, la Syrie ou la Turquie au Proche-Orient, ainsi que l'Espagne, la France, l'Italie, la Grèce et les pays de l'ancienne Yougoslavie en Europe. Chacun de ces pays participe au titre de son Comité national olympique (CNO)[3]. Les disciplines sportives, au programme, sont au nombre d'une trentaine, notamment l'athlétisme, le basket-ball, la natation, l'équitation, la voile, l'escrime, le pugilat, la lutte, le football et le volleyball. Par ailleurs, à chaque édition, la ville hôte définit des épreuves de démonstration comme le golf aux Jeux méditerranéens de Casablanca (1983) ou encore le ski nautique aux Jeux méditerranéens de Pescara (2009). Il existe également selon les années une organisation d'épreuves handisport et, depuis 2015, une version de l'évènement consacrée uniquement aux activités de plage (beach-volley, ski nautique...) mais ce n'est pas le sujet de ce travail, préoccupé des enjeux politiques et géographiques de l'édition 2018 des Jeux, c'est-à-dire la dernière édition située en Europe, en rives nord de la Méditerranée[4].

Plusieurs études ont déjà traité des Jeux méditerranéens et, en particulier, de la dimension géopolitique de cet évènement. À partir d'un travail mené entre l'UFR-STAPS de Montpellier et la Maison de la géographie du GIP-RECLUS, Pigeassou, Mazurek et Carrié [1990] distinguent plusieurs périodes de développement dans l'évolution de ces Jeux régionaux de l'espace méditerranéen en relation aux grandes phases d'accession à l'indépendance des États concernés. Comme Praicheux [1990] à propos des Jeux olympiques d'été dans ce même ouvrage et à partir d'une approche cartographique, ils analysent le nombre d'athlètes, le nombre de disciplines sportives, le nombre de médailles pour identifier des « foyers d'excellence » dans une situation largement contrastée tant sur le plan de la participation que de la réussite sportive. Quelques années plus tard, Adami [2004] du CERSO de l'UMR ThéMA s'engage dans une étude des Jeux méditerranéens pour démontrer surtout les conséquences sportives des inégalités Nord-Sud, des conflits régionaux et des rivalités qui divisent l'espace méditerranéen. Dans son texte maintes fois cité depuis, il aborde aussi le sujet de la participation féminine, largement réduite dans certains pays. De la guerre civile en Algérie aux tentatives d'une République arabe unie, de l'isolement infligé à l'Espagne franquiste à la multiplication des relations internationales au tournant des années 1990, cet auteur considère les Jeux méditerranéens précisément comme « un reflet de la situation géopolitique de l'espace méditerranéen ».

3. Qui porte en France le nom de Comité national olympique et sportif français (CNOSF).

4. La dernière édition s'est déroulée en 2022 à Oran en Algérie, la prochaine devrait se tenir en 2026 à Tarente en Italie.

Hérodote, n° 192, La Découverte, 1er trimestre 2024.

Dans le sens contraire, deux études récentes visent plutôt à nuancer ou même à réfuter cette approche symétrique entre sport et politique en Méditerranée. Premièrement, à partir du cas des deux éditions organisées en Algérie, Amara [2022] souligne combien « raconter l'histoire contemporaine de l'Algérie et de la ville d'Oran à travers les Jeux méditerranéens offre l'opportunité de déconstruire le concept d'une Méditerranée comme espace de civilisations en coopération commerciale, politique et économique et comme espace de brassage culturel ». Il détaille en particulier comment, quelques mois avant les Jeux, les autorités de la ville d'Oran ont décidé de construire plusieurs kilomètres de mur le long du littoral pour bloquer les clandestins et affirme que la Méditerranée « devient un cimetière ouvert pour des milliers d'immigrés qui terminent leur voyage par la mer » [Amara, 2022, p. 246]. Pour autant, il démontre finalement que les Jeux méditerranéens restent une compétition importante dans le domaine du sport et un « espace de tolérance » qui ne peut se résumer à la situation géopolitique régionale. Deuxièmement et plus encore, mobilisant le principe de consensus en science politique et le concept de monde méditerranéen à la fois au sens de Braudel et de Becker, Belmaati [2022] tente de « réfuter les approches présentant les évènements sportifs comme le reflet de la situation géopolitique d'une région ». Elle souligne l'importance des enjeux proprement sportifs mais aussi l'autonomie dont bénéficie en quelque sorte l'organisation des Jeux méditerranéens. Retenant le cas du consensus interne au CIJM en faveur de la non-reconnaissance du CNO d'Israël en dépit des appels internationaux en ce sens, mais consensus également autour de la non-participation du CNO de l'État palestinien malgré les alliances politiques entre pays musulmans de l'espace Méditerranée[5], Belmaati [2022, p. 405] estime que « cette organisation sportive régionale compose en fait une géographie qui lui est propre ».

Toutes ces recherches sont intéressantes, mais depuis notamment le travail de Béatrice Giblin [1990, 2005] il n'est pas possible de réduire la lecture géopolitique du monde aux relations internationales. L'analyse géographique et politique d'une grande compétition sportive ne doit pas faire l'impasse des enjeux de niveau régional au sens étroit du terme[6]. Nous avions déjà pris à témoin l'histoire des Jeux pyrénéens de l'Aventure et des Jeux méditerranéens 1993 dans ce sens [Suchet et Jorand, 2017 ; Suchet, Charitas et Belmaati, 2020]. Les Jeux pyrénéens

5. Au sens de pays où la part de musulmans dans la population dépasse les 95 % (selon les rapports du Pew Research Center).

6. On considère ici la région soit au sens, plutôt anglophone, d'une délimitation géopolitique la plus large qui soit (c'est le sens du mot retenu par le CIO dans la terminologie de Jeux régionaux pour désigner les Jeux du Pacifique, les Jeux asiatiques, les Jeux panaméricains...), soit au sens étroit de la division politique, historique et administrative d'un État, dans notre étude de l'État espagnol en communautés autonomes.

Hérodote, n° 192, La Découverte, 1er trimestre 2024.

de l'aventure ou *los Juegos pirenaicos de la Aventura* sont une grande compétition sportive de nature, d'aventure et de freestyle, organisée au printemps 1993 de manière transfrontalière entre la France et l'Espagne. Patronné par le CIO et soutenu par l'ensemble du Mouvement olympique européen, l'évènement se voulait la figure de proue d'un programme de développement plus large resté sans lendemain. Sans revenir sur les implications olympiques et internationales de ce projet, l'étude que nous avions menée montrait les multiples rouages politiques entre les élus socialistes, divers gauche et radicaux de gauche autour de l'évènement – au détriment du porteur de projet initial – en fonction des temporalités électorales mais aussi en fonction de stratégies propres dans un système d'organisation construit entre intérêt public et intérêts privés. Toujours dans le même sens, nous avions traité des XIIe Jeux méditerranéens organisés au début de l'été 1993 par la France au titre du Languedoc-Roussillon, avec pour ville d'ouverture Agde et clôture Nîmes mais sans aucune épreuve ni activité sur la commune de Montpellier. L'étude montrait l'intérêt inédit d'une organisation régionale d'un évènement olympique, la réussite du projet au niveau logistique principalement basé sur la rénovation d'installations sportives existantes, mais aussi les enjeux politiques de ces Jeux. Il s'agit à la fois des divergences politiques entre le maire de Montpellier et le président de la région, mais aussi d'une mise en scène au sens propre de la seconde cohabitation de gouvernement en France avec la cérémonie d'ouverture internationale au Cap d'Agde présidée par le chef de l'État François Mitterrand, tandis que la cérémonie de clôture aux arènes de Nîmes sur le thème des traditions se tient en présence du Premier ministre de droite Édouard Balladur. La région apparaît dans ce cas tout à la fois comme une construction, une projection et un système politique doté d'une autonomie relative. Mais si toute forme de système politique repose sur une autonomie relative, les revendications proprement séparatistes restent difficiles à observer en France, si ce n'est dans le cas particulier des départements insulaires [Giblin, 2005]. La situation est très différente en Espagne, notamment au Pays basque et en Catalogne [Loyer, 2006; Trépier, 2016]. L'organisation des XVIIIe Jeux méditerranéens à Tarragone apparaît un cas d'étude singulièrement intéressant dans ce sens[7].

Tarragone est une ville du sud de la Catalogne, communauté autonome au sens de la Constitution espagnole de 1978, dont les revendications séparatistes sont alors au paroxysme. En effet, la sanction partielle d'un texte d'autonomie de la

7. Au plan méthodologique, cette étude menée entre 2014 et 2019 repose sur un recueil de sources écrites, une quinzaine d'entretiens semi-directifs (formels et informels) et une série d'observations au cours de différents séjours à Tarragone. Le traitement des informations respecte les principes de croisement des sources, d'analyse thématique et chronologique. Uniquement les sources principales sont mentionnées au cours du texte.

Hérodote, n° 192, La Découverte, 1er trimestre 2024.

CARTE 1.– TARRAGONE, VILLE DU SUD DE LA CATALOGNE

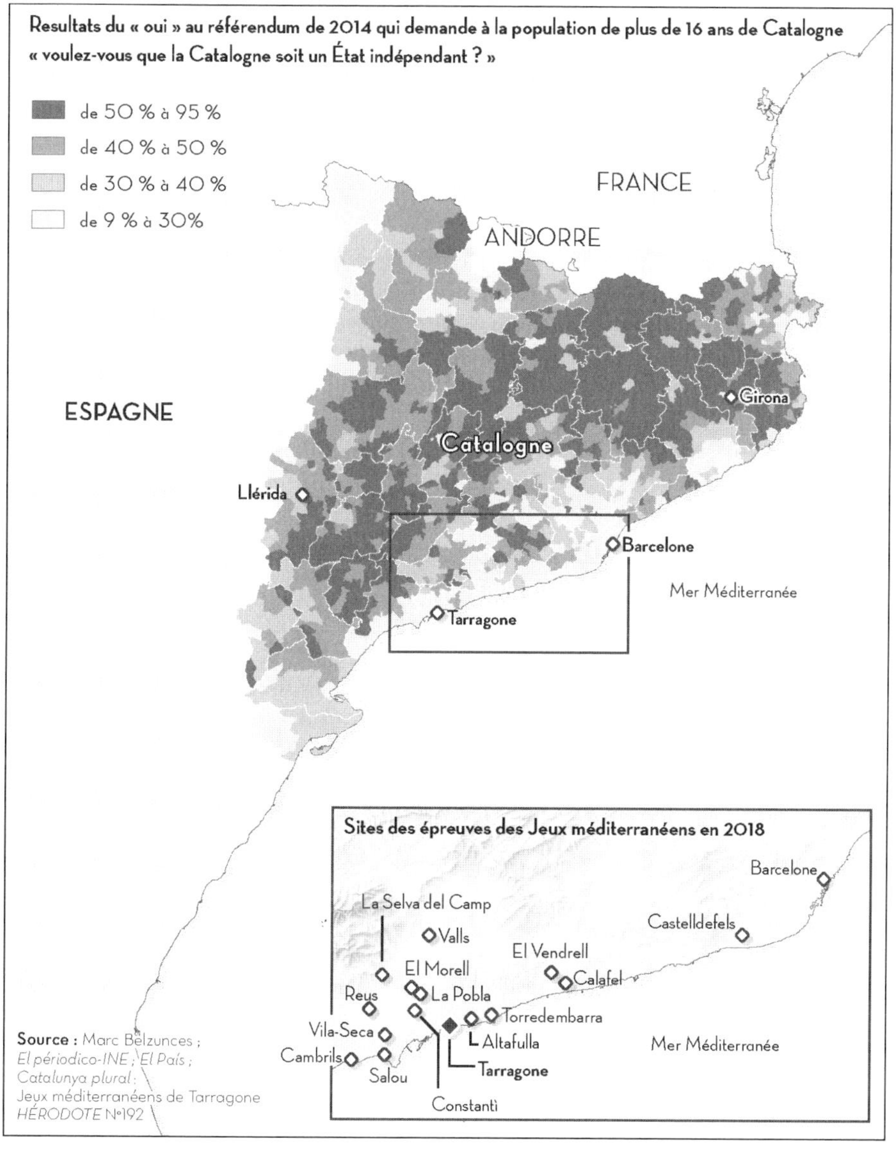

Hérodote, n° 192, La Découverte, 1er trimestre 2024.

Catalogne après son vote parlementaire par le Tribunal constitutionnel en juin 2010 provoque un sursaut du mouvement indépendantiste. Les manifestations se multiplient avec notamment la manifestation du 11 septembre 2012 (jour national de la Catalogne) appelée « Catalogne, nouvel État d'Europe » qui rassemble plus de 1,5 million de personnes. Faisant suite à une période « politique et parlementaire » [Peloille, Buj et Trépier, 2018], l'indépendantisme catalan semble sur le point de basculer dans une nouvelle période, que plusieurs commentateurs internationaux prédisent alors populaire, insurrectionnelle.

Dans ce contexte, et au regard de la littérature académique déjà citée, on pouvait faire l'hypothèse que l'organisation des XVIIIe Jeux méditerranéens témoigne, sinon d'une accession à l'indépendance comme étudié par Errais et Fates [1989], d'une démonstration de force au plan sportif, culturel et politique de la catalinité. Le nombre considérable d'études qui traitent du lien entre compétitions sportives et nationalisme depuis l'approche freudo-marxiste de Brohm [1976] et les travaux comparables menés à propos d'autres évènements olympiques régionaux [Hong, 2007 ; Henry, Amara et Al-Tauqi, 2003] vont dans ce sens. Selon cette hypothèse, les Jeux auraient constitué une vitrine du nationalisme catalan et du projet identitaire régional.

Le projet politique des Jeux de Tarragone

Sans revenir sur le débat qui vise à départager les acteurs, notamment sportifs, susceptibles d'avoir évoqué en premier l'idée d'organiser cette « Olympiade méditerranéenne dans la cité millénaire de Tarragone[8] », l'organisation des Jeux méditerranéens à Tarragone correspond surtout au projet politique de Josep Fèlix Ballesteros.

Né en 1959 à Tarragone, scolarisé dans l'enseignement catholique et resté attaché à ses « convictions chrétiennes[9] », Josep Fèlix Ballesteros fait des études de sciences physiques à l'université de Barcelone qu'il abandonne pour s'engager dans une formation plus humaniste en sciences de l'éducation à l'université Rovira i Virgili de Tarragone dans les années 1980. Il mène une courte carrière d'enseignant spécialisé pour enfants aveugles, puis plus tardivement exerce comme psychopédagogue. À titre plus personnel, il fréquente le club de football – le Nàstic

8. Entretien avec le vice-président du Club Atletisme Tarragona/ECAT.

9. Josep Fèlix Ballesteros (conversation avec Carles Gosálbez), *Home, ciutadà, polític*, Silva Editorial, 2013 ; A. Ramos Llauradó et J. F. Ballesteros, « Em quedo amb haver pogut ajudar a la gent », *Tarragona Digital*, 13/05/2023.

Hérodote, n° 192, La Découverte, 1er trimestre 2024.

de Tarragona[10] – et le club nautique ainsi que plusieurs associations culturelles. Il s'engage surtout en politique auprès du Parti des socialistes de Catalunya (PSC). Secrétaire adjoint du Conseil municipal de la jeunesse entre 1981 et 1983, conseiller pour la candidature municipale socialiste 1983 en charge de la culture, de la jeunesse et des fêtes, il s'implique et même préside la section PSC de la députation de Tarragone. Candidat à la mairie de Tarragone en 2003, il est battu par le candidat plus libéral Joan Miquel Nadal i Malé (CiU, Convergència i Unió). À nouveau candidat en 2007, il est élu maire de la ville en juin, fonction qu'il conserve jusqu'en 2019.

Dès le début de son mandat, Josep Fèlix Ballesteros fait approuver la proposition de présenter la candidature de la ville au CIJM. Une autre ville espagnole manifeste également son intérêt, Elche (ville littorale plus au sud) mais cela ne se concrétise pas. Rapidement soutenu par le Comité olympique espagnol (COE), par la Generalitat de Catalogne, le projet remonte à Madrid. À partir de 2008 et 2009, les deux chambres de représentation politique de l'État espagnol (le Sénat et le Congrès) et le gouvernement espagnol à travers son Conseil des ministres reconnaissent la candidature[11]. Il faut dire que Josep Fèlix Ballesteros, catholique « cultivé et modéré », est assez bien perçu du pouvoir espagnol et de la couronne. Le dossier apparaît solide et une trentaine de villes de la Costa Dorada ou de son arrière-pays s'engage à pouvoir accueillir des épreuves (Reus, Vila-seca, Valls, Salou, Cambrils, Torredembarra...). Le slogan (qui n'est pas repris ensuite au moment des Jeux) est « L'histoire fait l'histoire ». Barcelone est indiquée comme ville soutien.

Le vote se déroule le 15 octobre 2011 lors d'une session du comité international CIJM qui se tient à Mersin en Turquie dans le contexte de la préparation des XVIIe Jeux dans cette ville pour 2013. La candidature de Tarragone obtient 36 voix, contre 34 pour la ville égyptienne d'Alexandrie. Tripoli (Libye) et Rijeka (Croatie) s'étaient également portées candidates mais sans pouvoir réunir l'ensemble des conditions nécessaires, tout particulièrement au niveau de la sécurité dans la première des deux villes[12]. Plus précisément, Tarragone est retenue pour organiser les XVIIIe Jeux méditerranéens du 30 juin au 9 juillet 2017. Le comité salue différents points forts du projet sportif mais aussi la « richesse culturelle » particulièrement significative de la ville pour la Méditerranée.

---

10. Club Gimnàstic de Tarragona dans sa forme exacte, le Nàstic est un club professionnel de football résident au Nou Estadi de Tarragona, stade dans lequel se déroulera la cérémonie d'ouverture des Jeux méditerranéens.

11. Archives en ligne de la Maison royale et du patrimoine de la Couronne d'Espagne <www.casareal.es/CA/ArchivoMultimedia/Paginas/archivo-multimedia_galerias-de-fotos-detalle.aspx?data=128641>.

12. Jeux méditerranéens <https://cijm.org.gr/jeux-mediterraneens-2/?lang=fr>.

Ville portuaire de 220000 habitants (134900 hors agglomération)[13], Tarragone constitue la deuxième zone de développement économique de la Catalogne, après Barcelone. Ce développement économique repose prioritairement sur le secteur industriel dans le domaine de la chimie et pétrochimie et sur le secteur du tourisme: tourisme urbain et culturel basé sur l'ensemble archéologique classé par l'UNESCO (théâtre et cirque romains, amphithéâtre antique, nécropole paléochrétienne...), tourisme littoral avec la proximité des grandes stations de la Costa Dorada (Salou, Cambrils, Torredembarra...) et le gigantesque parc d'attractions Port Aventura [Anton Clavé, 1997].

La personnalité du maire de Tarragone qui porte et incarne le projet est importante. «Homme de gauche» et capable de travailler avec des élus indépendantistes, Josep Fèlix Ballesteros reste surtout modéré. Il appartient au PSC, parti qualifié de social-démocrate et plutôt fédéraliste (c'est-à-dire en faveur d'une Espagne fédérale qui rassemblerait plusieurs États fédérés, dont le Pays basque et la Catalogne). Plus encore que modéré, Josep Fèlix Ballesteros est discrètement «proche de Madrid». Par exemple, en 2015, il remporte pour la troisième fois les élections municipales en signant un pacte de gouvernement avec le PP – le Parti populaire, positionné à droite, conservateur, monarchique et unioniste espagnol –, un pacte qui mentionne les divergences entre les deux formations politiques mais identifie ensuite des orientations communes «pour donner la priorité aux problèmes importants auxquels la ville est confrontée[14]». Un pacte avec la droite monarchique du PP qu'il maintient jusqu'à la fin de son mandat, en dépit des pressions de sa famille politique, et notamment de la gauche indépendantiste de l'ERC (Esquerra Republicana de Catalunya).

Il faut dire que, historiquement, les structures, les terminologies et les positions politiques ont évolué sur la question et la définition même d'une autonomie de la Catalogne par rapport à l'État espagnol [Loyer, 2006; Trépier, 2016]. La notion de fédéralisme portée par les socialistes restant justement toujours l'une des notions les plus intermédiaires.

La difficile montée en puissance d'un Comité d'organisation

Si Josep Fèlix Ballesteros porte le projet politique de ces Jeux méditerranéens, la mise en œuvre de cette organisation prend du retard. Selon certains témoignages «le Comité d'organisation n'était même pas stabilisé, cela correspondait plus à un groupe de réflexion, qu'à une structure d'organisation[15]». L'Association pour la

13. Instituto Nacional de Estadística, <https://www.ine.es/jaxiT3/Datos.htm?t=2911>.
14. Extrait du texte cosigné, <www.socialistes.cat/arch/eleccions-2015?d=9746292>.
15. Responsable sportif de Tarragone souhaitant conserver l'anonymat.

Hérodote, n° 192, La Découverte, 1er trimestre 2024.

promotion de la candidature, chargée comme son nom l'indique de la candidature de la ville auprès du CIJM, ne laisse sa place à un Comité d'organisation qu'avec presque trois ans de retard, elle est dissoute fin 2014[16]. Les projets d'aménagement, c'est-à-dire la revalorisation de plusieurs installations sportives et deux constructions – le complexe sportif de l'Anella Mediterrània dont la piscine olympique et le Palais des sports Camp Clar – sont au centre des discussions. Les questions environnementales sont réellement étudiées. Il s'agit de remettre en état et d'utiliser des pistes, des salles, des stades ou des gymnases existants à l'échelle de la députation provinciale de Tarragone et de financer uniquement deux grands équipements déjà considérés comme nécessaires. Toutefois, entre 2011 et 2015 il est difficile de trouver la trace d'avancées tangibles. Quelques affiches sont apposées sur les vitrines des magasins du centre-ville, des communiqués de presse sont diffusés, mais cela reste limité. Selon un courrier envoyé au Mouvement olympique, à quelques mois des Jeux, « tout ce qu'il fallait construire n'est pas construit, la mise en vente anticipée des billets prévue n'a pas commencé[17] ». Le courrier révèle que l'organisation principalement municipale repose sur une fondation de droit privé dont les comptes ne sont pas communiqués : la Fundació Tarragona 2017, présidée par Mario Rigau Oliveras, investisseur, entrepreneur et dirigeant sportif très impliqué dans le mouvement du sport en entreprise. Javier Villamayor, deuxième adjoint au maire, est désigné commissaire des Jeux. Licencié en droit et titulaire d'un master en administration publique de l'université Pompeu Fabra, puis diplômé en économie de la prestigieuse London School of Economics, il est difficile de remettre en cause ses compétences dans la gestion financière de l'organisation. Pour autant, deux informations relevées dans les sources justifient en effet quelques inquiétudes : premièrement, les financements privés attendus n'ont pas été obtenus[18], impliquant un « surplus de dépense publique » et, deuxièmement, le résultat d'un audit indépendant réalisé fin 2014, qui ne relève à cette date aucune irrégularité ni déséquilibre, « doute (toutefois) de la capacité de la Fondation à accomplir son objectif[19] ». Devant cette situation, les critiques se font entendre.

16. « Candidatura Tarragona 2017 tiene las cuentas equilibradas », *La Vanguardia*, 5/02/2014.

17. Courrier de l'opposition municipale CUP adressé au COE à Madrid et au CIO à Lausanne, date illisible.

18. Dans les faits, il y a aussi une subvention publique obtenue qui n'arrive pas, obligeant une action de l'organisation auprès du tribunal administratif : il s'agit de la subvention de la Généralité de Catalogne.

19. Blanca Blay, « Els Jocs Mediterranis de Tarragona: inversió o hipoteca? », *CRÍTIC*, 26/01/2016 ; Rafa Marrasé, « Intervenció va detectar greus deficiències en el control financer de la Fundació Tarragona 2017 », <https ://www.portaenrere.cat/>.

Hérodote, n° 192, La Découverte, 1er trimestre 2024.

Au matin du 24 août 2015, une manifestation contre les Jeux méditerranéens 2017 est organisée à l'initiative de la section locale de la CUP (Candidatura d'Unitat Popular, parti indépendantiste classé à l'extrême gauche). Les manifestants équipés de banderoles bloquent l'entrée de la Casa Canals de Tarragone où se tient une réunion du Comité d'organisation des Jeux. La presse est largement présente. Les organisateurs de la manifestation dénoncent un « spectacle sportif inutile » et distribuent des exemplaires du bulletin politique *InfoCUP* dont l'édition spéciale titrait « Jeux méditerranéens 2017 ». Dans une sorte de jeu de mots entre la série de films américains *Hunger Games*[20] et une critique d'inspiration marxiste du sport comme « opium du peuple » [au sens de Brohm, 1976] le texte du bulletin qualifie ces Jeux de « Jocs de la Fam ». Mobilisant des éléments de langage désormais communs à l'ensemble des mouvements anti-olympiques [Fabry et Zeghni, 2020], le document insiste sur les difficultés économiques de la ville, notamment le manque d'investissement dans plusieurs établissements scolaires en état de délabrement et la persistance de quartiers touchés par la pauvreté.

Au plan politique, dans le même temps, la situation se détériore. Annoncé pour décembre 2016, un référendum interdit pour l'indépendance de la Catalogne est organisé le 1er octobre 2017[21] et dix jours plus tard le président de la Généralité de Catalogne Carles Puigdemont annonce le début d'un processus de sécession. L'évènement plonge l'Espagne dans l'une des plus graves crises politiques de son histoire depuis la chute du régime de Francisco Franco. Dans les jours qui suivent, le président du gouvernement espagnol Mariano Rajoy annonce le recours à l'article 155 de la Constitution, suspend l'autonomie de la Catalogne et fait procéder à la destitution du président de la Généralité. Fin octobre, le procureur général de l'État requiert différents chefs d'accusation graves contre le pouvoir catalan, dont le délit de sédition. Les membres de l'ancien exécutif catalan sont dès lors arrêtés et mis en détention. Un mandat d'arrêt européen est lancé contre Carles Puigdemont en fuite depuis Marseille pour Bruxelles.

L'organisation des Jeux méditerranéens, qui n'avance toujours pas, propose de reporter les Jeux de douze mois. Le sujet remonte au Mouvement olympique qui donne son accord et il s'agit désormais pour Tarragone d'organiser les Jeux du 22 juin au 1er juillet 2018. Mais cette décision du Comité d'organisation ne réduit pas l'opposition à ce sujet de la gauche la plus à gauche qui demande l'abandon des Jeux méditerranéens « une fois pour toutes ». Étonnamment, le déficit de

20. Titre traduit *Jocs de la Fam* dans la version catalane.

21. Dont le résultat est très favorable à l'autonomie, mais très contestable dans sa représentativité et sa validité.

Hérodote, n° 192, La Découverte, 1er trimestre 2024.

catalanité des Jeux n'est pas du tout au centre du débat, ni même la situation politique. Les détracteurs du projet indiquent même :

> Il n'est pas juste d'écrire que tout est lié à la situation actuelle [la crise politique]. Tarragone sait qu'elle doit accueillir cet évènement depuis octobre 2011. On ne peut pas inventer des excuses quand il ne reste que quelques mois pour organiser l'évènement, alors que cinq années se sont passées depuis la désignation de la ville[22].

Les critiques visent « le manque de financement, l'opacité du montage et l'improvisation évidente de l'organisation[23] ». Au sein du conseil municipal, les élus anticapitalistes de la CUP et quelques autres s'opposent explicitement aux Jeux et décrivent le report en 2018 comme « une proposition désespérée de la part du gouvernement de la ville pour maintenir un projet [...] qui endettera la commune et ouvrira ensuite la porte à la privatisation des installations payées avec l'argent des citoyens[24] ». En novembre 2016, le groupe municipal CUP dépose une motion qui demande de « renoncer immédiatement aux Jeux méditerranéens ». Le texte n'obtient pas le nombre de voix suffisant pour passer, mais sa diffusion donne à voir dans la presse des tensions internes à la mairie de Tarragone[25] et plus largement des tensions très fortes à l'intérieur même du spectre politique dit de gauche en Catalogne et en Espagne.

Seulement deux initiatives relèvent vraiment du nationalisme catalan mais uniquement au niveau sportif. Premièrement, une dissension (ré)apparaît au sein du Mouvement olympique ibérique lorsqu'un Comité olympique catalan (COC) rédige une lettre au CIO demandant à « être membre à part entière de l'organisation ». Dissension renforcée par un ancien témoignage attribué à un membre du Comité olympique du Portugal (COP) estimant « ne pas être opposé à ce qu'il y ait trois CNO pour la péninsule Ibérique, quatre en comptant Andorre[26] ». Le rappel du jugement du Tribunal suprême de Madrid en date du 28 novembre 2008 déclare illégal pour cette structure sportive inter-associative d'utiliser la nomenclature de Comité olympique mettant fin à cette polémique que la presse avait abondamment relayée. Deuxièmement, une demande dont il est difficile de retrouver l'origine exacte est

22. Courrier de l'opposition municipale CUP adressé au COE et au CIO, déjà cité.

23. Voir les archives des communiqués de la section CUP : <https://tarragona.cup.cat/documents>.

24. « La CUP es planta davant Casa Canals per visualitzar el seu no als "Jocs de la Fam" », Tot Tarragona, 24/08/2015 ; « No als jocs mediterranis. La CUP demana renunciar als Jocs Mediterranis », llibertat.cat, 5/10/2016.

25. Romà Rofes, « La renúncia als Jocs Mediterranis rep els vots favorables de la CUP i ICV i l'abstenció d'ERC », Tarragona 21.com, 18/11/2016.

26. « El COE ratifica su apoyo a Tarragona 2018 pese a la tensión en Cataluña », *Palco 23*, 9/10/2017.

Hérodote, n° 192, La Découverte, 1er trimestre 2024.

faite à deux reprises au Comité d'organisation, puis au COE et au CIJM en Grèce, pour qu'une délégation catalane de sportifs puisse prendre part aux Jeux. Les deux fois la réponse des instances olympiques et sportives méditerranéennes est très ferme. Les mots du président du COE, Alejandro Blanco, qui confirme dans une conférence de presse solennelle en octobre 2017 son « soutien total et sans faille aux Jeux méditerranéens de 2018 à Tarragone » dans un « profond message de tranquillité et de concorde »[27], participent à éteindre toute volonté divergente à ce niveau.

« Bienvenidos a los Juegos Mediterráneos[28] »

Pressé par le temps et conscient des fortes critiques, le Comité d'organisation des Jeux méditerranéens se renforce au cours de l'année 2018, formalise ses relations à la fondation et accélère la mise en œuvre de son plan d'action, toujours sous la direction administrative de Javier Villamayor. Il est entouré notamment de Begoña Floria, ancienne journaliste qui mène une carrière de directrice de la communication et de directrice de cabinet dans le secteur public. Le comité composé d'environ 35 personnes est maintenant doublé d'une commission de surveillance des Jeux[29], les responsables sportifs sont enfin tous impliqués et certaines garanties financières sont prises au détriment de l'envergure du programme. L'un des techniciens évoque une « cure d'amaigrissement ». Le commissaire des Jeux indique plutôt avoir « réduit les confettis pour donner la priorité à l'investissement durable[30] ». Factuellement, l'essentiel des travaux d'aménagement se termine dans les temps et, en particulier, dans le cas des grandes constructions promises. L'Anella Mediterrània est un parc de 28 hectares dans lequel d'anciennes installations obsolètes ont bénéficié d'une réhabilitation intégrale (en particulier des pistes et un stade d'athlétisme), plusieurs nouvelles constructions ont été ajoutées (des gymnases, des terrains de jeu et surtout une piscine olympique)[31] et l'ensemble du parc complètement redessiné par un paysagiste, incluant un lac artificiel équipé

27. Comité olympique espagnol <https://www.coe.es/noticias/detalle-noticia/543018-carta-juegos-mediterraneos/>.

28. Texte d'une banderole présente à l'entrée des Jeux en espagnol castillan mais pas en catalan.

29. Composée d'un représentant de chaque groupe municipal et d'un représentant du gouvernement. La commission se réunit tous les quinze jours avec un droit d'accès aux réunions et aux éléments tout en respectant la confidentialité.

30. Patricia López, « Entorno : Villamayor, Tarragona 2018 », *Palco 23*, 23/03/2018.

31. Pour ne pas surdimensionner les constructions, une majorité de tribunes temporaires sont utilisées sur les sites.

Hérodote, n° 192, La Découverte, 1er trimestre 2024.

d'un système de phytoépuration, de terrasses de promenades. La piscine olympique dispose de plusieurs bassins : un bassin extérieur chauffé (50 × 25 m), un bassin intérieur (25 m) et un bassin d'apprentissage, avec des systèmes de tribunes (850 à 1 650 places) et de pontons mobiles. Le nouveau Palais des sports de Camp Clar, conçu par les architectes Antoni Barceló et Barbara Balanzó, dispose d'une capacité de 5 000 personnes avec modulation possible de la structure métallique et une isolation sous plafond innovante à partir de toiles blanches d'une esthétique remarquable[32].

Les XVIIIe Jeux méditerranéens se déroulent du 22 juin au 1er juillet 2018. La cérémonie d'ouverture, présidée par sa majesté Felipe VI, comportait un défilé des 26 délégations suivi des discours officiels dans le respect du protocole olympique et d'un spectacle chorégraphique sur le thème de l'Antiquité, tradition et modernité. Le spectacle était notamment ponctué de l'arrivée d'un gigantesque drapeau des Jeux méditerranéens attaché au harnais d'un parachutiste dont la voile ouverte reproduisait le drapeau espagnol. L'évènement réunissait des membres du gouvernement espagnol, le président Pedro Sánchez succédant à Mariano Rajoy, de très nombreux élus locaux, des personnalités politiques d'une quinzaine de pays de la Méditerranée, plusieurs officiers généraux en tenue miliaire et des personnalités du Mouvement olympique. Certains absents, certaines absentes, ou certaines réticences se remarquent toutefois. Par exemple, le nouveau président de la Généralité de Catalogne Quim Torra annonce dans un premier temps ne pas vouloir se rendre aux Jeux, puis annonce participer à certaines conditions.

Aux abords du stade, plus de 300 manifestants sont rassemblés contre la présence du roi Felipe VI[33]. Des banderoles féministes et le drapeau arc-en-ciel, un des symboles de la communauté LGBT, sont également visibles dans la manifestation. Prévoyant d'assister à la cérémonie, des militants du parti politique national-conservateur populaire VOX, qui attendaient sur le parking, se constituent en contre-manifestation et la police, les mossos d'esquadra et la guardia urbana, est contrainte d'intervenir pour empêcher un affrontement. Plus tard, la démonstration de l'escadrille de vol acrobatique de l'armée de l'air organisée au-dessus du stade est sifflée par les derniers manifestants, surtout des manifestantes restées à proximité de l'enceinte. Des graffitis antimonarchiques, hétérophobes et misandres sont visibles dans les heures qui suivent. Ces derniers concernent des accusations de violences sexuelles dans le sport, notamment un graffiti par collage indiquant en anglais « Tous violeurs ».

---

32. Visite de terrain et entretiens réalisés avec différents agents sur les deux sites.

33. « Tarragone : les Jeux méditerranéens démarrent par des manifestations anti Felipe VI », *L'Indépendant*, 22/06/2018. Philip Barker, « Mediterranean Games begin with politically charged Opening Ceremony », *ITG*, 22/06/2018.

Hérodote, n° 192, La Découverte, 1er trimestre 2024.

À l'intérieur du stade, le public présent apparaît au contraire fervent défenseur de la monarchie et du gouvernement de Madrid. Dans les tribunes, la foule agite une nuée de drapeaux espagnols dans tous les sens et de toutes les tailles, faisant dire que le commissaire des Jeux, Javier Villamayor, avait massivement offert des tickets d'entrée aux groupes nationalistes espagnols pour « remplir les tribunes ». Neuf jours plus tard, la cérémonie de clôture permettait de remettre le drapeau blanc aux anneaux bleus entre les mains des représentants algériens de la Ville d'Oran pour les XIXe Jeux méditerranéens. Organisée dans le même stade, la clôture de ces Jeux méditerranéens de Tarragone était marquée par le déploiement dans les eaux de la ville du porte-avions *Juan Carlos I*, navire amiral de la marine nationale, symbole de l'armée et de la puissance espagnoles.

Athlétisme, basket, football, golf, tir à l'arc, triathlon, canoë-kayak... 36 disciplines sportives sont au programme sur presque 200 sites, localisés à Tarragone et dans 13 autres communes de la députation, auxquelles s'ajoutent, plus au nord, Barcelone et Castelldefels dans le cadre d'un accord particulier, respectivement pour des épreuves d'équitation et de navigation. Sont présents 3 648 athlètes (soit le plus grand nombre jamais atteint), 2 000 officiels (entraîneurs, arbitres, juges...) avec le concours de presque 3 500 bénévoles et une dizaine de partenaires économiques à plusieurs niveaux (notamment la brasserie industrielle Estrella Damm, le groupe pétrolier Repsol, Toyota et la CaixaBank). Le nombre total de spectateurs cumulés serait vraisemblablement proche des 150 000 personnes, mais cela reste assez peu en considérant l'ensemble des épreuves et des sites.

Si la presse insiste sur certains faits divers survenus en marge des compétitions[34] ou sur le manque de public, « les gradins souvent vides[35] », l'ensemble de l'organisation est un succès. Sans boycott, ni revendications internationales ou violence terroriste, la sécurité est parfaitement assurée durant les dix jours. Les performances sportives sont impressionnantes et restent à souligner[36].

34. Un membre de l'équipe d'organisation alcoolisé provoque un accident grave à Salou, un athlète accusé d'agression sexuelle est arrêté à proximité de Sitges.

35. Constat qui amène la presse vers de multiples tentatives d'explication (déficit de médiatisation, retard dans la billetterie, simultanéité de la Coupe du monde FIFA en Russie), mais qu'il convient de relativiser au regard d'une situation comparable pour d'autres éditions des Jeux méditerranéens ou pour d'autres compétitions sportives internationales.

36. Les résultats sportifs, dont il ne s'agit pas de faire ici l'analyse spatiale détaillée [au sens de Praicheux, 1990 ; Pigeassou *et al.*, 1990], donnent à voir la réussite de l'Italie comme souvent aux Jeux méditerranéens (avec 156 médailles dont 56 en or) mais aussi de l'Espagne en seconde position avec 122 médailles dont 38 en or. La Turquie (95 dont 31 en or) surpasse de peu la France (99 dont 28 en or). L'Égypte, la Grèce et la Serbie dépassent les 30 médailles, Malte et le Liban n'en retirent qu'une seule, tandis que les délégations andorrane et libyenne repartent sans médaille.

Hérodote, n° 192, La Découverte, 1er trimestre 2024.

Au plan financier, le budget final de ces XVIIIe Jeux méditerranéens serait de 70,25 millions d'euros. La part de financement public dans ce budget s'élevant à hauteur de 80 % (ville de Tarragone, Gouvernement espagnol, Députation provinciale, Généralité de Catalogne). La contribution des partenariats économiques (Estrella Damm, Repsol, Toyota et la CaixaBank...) restant modeste. Sans que l'on puisse avoir d'information au sujet d'un possible déficit de l'organisation, la Fundació Tarragona 2017 apparaît encore active dans la gestion de l'après-évènement au moins deux ans après. Cette dernière aurait même financé un stage culturel pour la jeunesse sur le thème des Jeux olympiques antiques récemment[37]. La question des retombées ne peut pas être traitée ici, mais, par exemple, l'Association des chambres de commerce et d'industrie de la Méditerranée (ASCAME) félicite ensuite formellement les responsables des Jeux méditerranéens de Tarragone 2018 «pour leur contribution à la prospérité régionale[38]».

Conclusion

Réfutant complètement l'hypothèse selon laquelle les Jeux méditerranéens 2018 auraient constitué une vitrine du nationalisme catalan et du projet identitaire régional, les sources, les observations et les témoignages tendent à montrer le contraire. La presse internationale raconte «l'exaltation nationaliste espagnole, qui a été le fil rouge de la semaine[39]» et les images du porte-avions militaire *Juan Carlos I* venu «en démonstration» laissent peu de doute quant à l'équilibre des forces en présence. Composés par un système d'acteurs et d'alliances qu'il n'était pas possible de prédire dans un moment où le séparatisme catalan était à son paroxysme, ces XVIIIe Jeux méditerranéens constituent plutôt une démonstration de force sur les plans sportif, culturel et politique de l'Espagne souverainiste.

Indépendamment du débat sur l'importance ou pas des pratiques corporelles traditionnelles ou sportives dans la production des identités régionales et dans l'histoire de la Catalogne [Stumpp et Jallat, 2013; Garcia, 1998] ou du constat d'un «retard chronique» dans l'organisation de grandes manifestations sportives que

37. «Dos anys després dels Jocs Mediterranis la Fundació Tarragona 2017 encara no s'ha liquidat», Llibertat.cat, 22/06/2020.

38. L'ASCAME félicite les Jeux méditerranéens de Tarragone 2018 comme un solide encouragement pour la paix et la prospérité régionale <https://www.ascame.org/fr/new/lascame-felicite-les-jeux-mediterraneens-de-tarragone-2018-comme-un-solide-encouragement-pour-la-paix-et-la-prosperite-regionale/>.

39. Alexandra Pichard, «Jeux méditerranéens à Tarragone: chronique d'un désastre annoncé», *Le Petit Journal.com* (Édition internationale), 02/07/2018.

Hérodote, n° 192, La Découverte, 1er trimestre 2024.

certaines représentations attribuent parfois au poids d'une culture latine [Suchet, 2011 ; Belmaati, 2022], ce travail permet de relativiser l'idée d'une Espagne en crise à tous les niveaux. La réussite des Jeux et notamment l'incontestable succès sportif de la délégation espagnole, mais aussi la construction de plusieurs installations sportives d'envergure pour l'évènement, témoignent plutôt de l'importance économique et stratégique de Tarragone par rapport à une géographie de la Catalogne trop souvent réduite à Barcelone et à la Costa Brava au nord.

Au-delà de la question indépendantiste, les tensions autour de ces XVIIIe Jeux méditerranéens – et notamment celles entre le public dans les tribunes et les manifestations à l'extérieur du stade au moment de la cérémonie d'ouverture – dévoilent d'autres lignes de fracture, une fracture propre à la société espagnole entre monarchistes et républicains n'ayant plus 1978 comme référence, mais aussi peut-être une fracture plus large entre nations et Europe, entre conservateurs et progressistes, entre masculinité(s) et féminisme(s).

Bibliographie

ADAMI S. (2004), « Les Jeux méditerranéens : un reflet de la situation géopolitique de l'espace méditerranéen », *Confluences Méditerranée*, n° 50.

AMARA M. (2022), « The 19th Mediterranean Games, Oran 2022 and "the New Algeria" », *Asian Journal of Sport History & Culture*, vol. 1, n° 3.

ANTON CLAVÉ S. (1997), « The Port Aventura theme park and the restructuring of coastal tourist areas in Catalonia », *European Urban and Regional Studies*, vol. 4, n° 3.

AUGUSTIN J.-P. et GILLON P. (2021), *Les Jeux du monde. Géopolitique de la flamme olympique*, Paris, Armand Colin.

BELMAATI Z. (2022), « Les enjeux géopolitiques du sport en Méditerranée : une analyse historique des Jeux méditerranéens (1947-2001) », thèse de doctorat, université Paris Nanterre.

BROHM J.-M. (1976), *Sociologie politique du sport*, Paris, Delarge.

ERRAIS B. et FATES Y. (1989), « Les Jeux régionaux, témoins de l'universalisation des sports », *Mappemonde*, vol. 4, n° 2.

FABRY N. et ZEGHNI S. (2020), « Pourquoi les villes ne veulent-elles plus accueillir les Jeux olympiques ? Le cas des JO de 2022 et 2024 », *Revue Marketing Territorial*, n° 4, <http://publis-shs.univ-rouen.fr/rmt/index.php?id=454>.

GARCIA M.-C. (1998), *L'Identité catalane. Analyse du processus de production de l'identité nationale en Catalogne*, Paris, L'Harmattan.

GIBLIN B. (1990), *La Région, territoires politiques. Le Nord-Pas-de-Calais*, Paris, Fayard.

— (2005), *Nouvelle géopolitique des régions françaises*, Paris, Fayard.

HENRY I. P., AMARA M. et AL-TAUQI M. (2003), « Sport, Arab nationalism and the Pan-Arab Games », *International Review for the Sociology of Sport*, vol. 38, n° 3.

HONG F. (dir.) (2007), *Sport, Nationalism and Orientalism: The Asian Games*, Londres, Routledge.

Hérodote, n° 192, La Découverte, 1er trimestre 2024.

LOYER B. (2006), *Géopolitique de l'Espagne*, Paris, Armand Colin.

PELOILLE M., BUJ S. et TRÉPIER C. (2018), *L'Indépendance catalane en question*, Neuilly, Atlande.

PIGEASSOU C., MAZUREK H. et CARRIÉ C. (1990), « Aspects géopolitiques des Jeux méditerranéens », *in* ERRAIS B., MATHIEU D. et PRAICHEUX J. (dir.), *Géopolitique du sport*, Besançon, Publication de l'université de Franche-Comté.

PRAICHEUX J. (1990), « Pour une lecture géopolitique de la performance olympique », *in* ERRAIS B., MATHIEU D. et PRAICHEUX J. (dir.), *Géopolitique du sport*, Besançon, Publication de l'université de Franche-Comté.

SINGARAVELOU P. et SOREZ J. (dir.) (2010), *L'Empire des sports. Une histoire de la mondialisation culturelle*, Paris, Belin.

STUMPP S. et JALLAT D. (dir.) (2013), *Identités sportives et revendications régionales (XIXe-XXe siècles)*, Grenoble, Presses universitaires de Grenoble.

SUCHET A. (2011), « Sports d'aventure et tourisme au début de la construction européenne en Pyrénées. La coopération transfrontalière entre la France et l'Espagne durant les Jeux pyrénéens de l'Aventure 1993 », *Revue de géographie alpine*, vol. 99, nº 4.

SUCHET A., CHARITAS P. et BELMAATI Z. (2020), « L'organisation des Jeux méditerranéens 1993. Sport, politiques publiques et aménagement du territoire en France », *in* SUCHET A. et EL AKARI A. (dir.), *Développement du sport et dynamique des territoires*, Montpellier, AFRAPS.

SUCHET A. et JORAND D. (2017), « L'organisation française des Jeux pyrénéens de l'Aventure 1993 : politiques publiques, stratégies d'acteurs et dynamique de projet », *Sciences de la Société*, nº 101.

TRÉPIER C. (2016), *Géopolitique de l'indépendantisme en Catalogne*, Paris, L'Harmattan.

Hérodote, nº 192, La Découverte, 1er trimestre 2024.

L'hypothèse du sport international comme élément protonational dans la construction d'une nation kosovare

Pauline Soulier[1]

Roland-Garros 2023. Novak Đoković crée, une fois de plus, la polémique. En effet, le champion de tennis réaffirme sa position politique très claire sur le statut du Kosovo. Après son match, il écrit au feutre blanc sur la caméra sur laquelle les sportifs signent *« Косово је < 3 Србије ! Стоп насиљу. »*, c'est-à-dire « Le Kosovo est le cœur de la Serbie ! Arrêtez la violence » faisant ainsi référence aux tensions entre les manifestants serbes et les forces de l'OTAN dans la région à la suite des élections locales. Loin d'appeler réellement au retour au calme, le tennisman affirme une position politique qu'il affiche depuis longtemps déjà. Il ne s'en cache pas, pour lui il est inconcevable de détacher le Kosovo de la Serbie. Cette petite phrase, loin de plaire ni aux organisateurs ni à la ministre des Sports française pose une fois de plus la question du statut du Kosovo[2].

La question kosovare n'est pas nouvelle, bien au contraire. Selon la légende, les liens entre le Kosovo et la Serbie remontent à la mythique bataille de Kosovo Polje en 1389 [Popović, 2010]. D'après le récit serbe officiel, tenant davantage de la « tradition inventée » [Hobsbawm et Ranger, 2006] que de la réalité historique, lors de cette bataille, les troupes chrétiennes de l'Empire médiéval serbe tombent

1. Docteur en science politique, LACES, IRM, université de Bordeaux.

2. « Novak Djokovic s'exprime sur le Kosovo : un message "pas approprié" selon la ministre des Sports, le tournoi de Roland-Garros joue l'apaisement », *Le Monde*, 31 mai 2023, <www.lemonde.fr/sport/article/2023/05/31/novak-djokovic-s-exprime-sur-le-kosovo-un-message-pas-approprie-selon-la-ministre-des-sports-le-tournoi-de-roland-garros-joue-l-apaisement_6175461_3243.html>.

Hérodote, n° 192, La Découverte, 1er trimestre 2024.

au champ d'honneur face à l'armée ottomane. Dès lors, comme du sang serbe héroïque imprègne cette terre, le Kosovo est devenu le berceau, le « cœur » de la Serbie. C'est lors de cette défaite que le sentiment national serbe serait né. Cette idée se diffuse au cours des siècles mais se heurte aux revendications nationales des Albanais qui, héritiers des Ottomans, revendiquent eux aussi la possession de cette terre[3]. Tito[4] pensait avoir réglé la situation par la Constitution de 1974 en faisant du Kosovo et de la Voïvodine, des Provinces autonomes de la Serbie. Sans être indépendantes de la République, les deux régions sont dotées de compétences proches de celles accordées aux Républiques à l'exception du droit de sécession. Cette « contradiction constitutionnelle », loin d'arranger la situation, vécue comme une « discrimination » par les nationalistes serbes, exacerbe les tensions entre les communautés [Dérens et Geslin, 2012, p. 104]. Le décès de Tito (1980) et l'implosion de la Yougoslavie sous l'impulsion des nationalismes – notamment serbe – posent de nouveau la question du Kosovo. Lors de son discours fondateur en 1989, Slobodan Milošević est très clair, le Kosovo est serbe, comme beaucoup d'autres terres des Balkans, et il entend bien le garder dans le giron serbe [Hartmann, 2002, p. 69]. Les premières mesures contre le Kosovo ne se font pas attendre. La même année, en réaction aux divers mouvements de contestation des Albanais du Kosovo, Belgrade déclare d'abord l'état d'urgence puis amende la Constitution de 1974 pour réduire les prérogatives des deux provinces[5]. Par la suite, lors des guerres des années 1990, le Kosovo est l'un des arguments moteurs du président serbe pour justifier les combats. Si les dernières violences

3. Les Serbes ont toujours été très clairs sur le projet de Grande Serbie. La politique albanaise sur la Grande Albanie est plus floue. Edi Rama sous-entend régulièrement cette idée, notamment avec l'abolition de la frontière économique avec le Kosovo en 2018. Si le Monténégro est assez hermétique à cette idée, le Kosovo pourrait être séduit.

4. Josip Broz dit « Tito » (1892-1980). Artisan de la Résistance communiste yougoslave durant la Seconde Guerre mondiale. Il dirige la République fédérative socialiste de Yougoslavie de 1953 à sa mort en 1980. Il cherche à mettre en place une troisième voie pendant la guerre froide entre les deux Blocs. Sur le plan interne, cela se traduit par la mise en place du système original de l'autogestion. Sur le plan international, il est l'un des fondateurs du mouvement des non-alignés (Conférence de Bandung en 1955). Sa mort en 1980 révèle l'état de délabrement de la RFSY et est l'un des facteurs permettant la montée des nationalismes violents, moteurs des guerres des années 1990 (voir J. Pirjevec et J.-A. Dérens, *Tito, une vie*, Paris, CNRS éditions, 2017).

5. Pour une chronologie complète voir Y. Tomic, « La vie politique en Serbie de 1987 à 2004 : une chronologie », *Revue d'études comparatives Est-Ouest*, p. 59-83, 2004, <www.persee.fr/doc/receo_0338-0599_2004_num_35_1_1643>.

Hérodote, n° 192, La Découverte, 1er trimestre 2024.

CARTE 1. – RÉPARTITION ETHNIQUE AU KOSOVO

Hérodote, n° 192, La Découverte, 1er trimestre 2024.

à grande échelle remontent à 2004[6], les tensions entre les Serbes et les Albanais ne sont toujours pas retombées. Elles ont seulement changé de terrain, bloquant la reconnaissance de l'État kosovar, autoproclamé en 2008[7].

Le cas du Kosovo est donc complexe et interroge le politiste. Si, d'un point de vue formel, l'État existe malgré la non-reconnaissance par l'ONU (Organisation des Nations unies) et l'Union européenne (UE), il n'est pas certain qu'il existe une véritable nation kosovare. Or, l'histoire européenne montre la connexion intime entre l'État et la nation. Les institutions ne sont pas suffisantes, quoique nécessaires, pour créer un État, c'est la nation qui donne une sorte d'âme à celui-ci car c'est elle qui traduit la volonté des membres de la communauté de vivre ensemble. Pour ceci, il leur faut se trouver des points communs assez forts pour les unir dans leurs différences. Là est bien le problème avec le Kosovo : les Serbes et les Albanais ne semblent pas avoir suffisamment de points communs pour faire nation, pour créer cette communauté « imaginaire et imaginée » [Anderson, 2014, p. 19]. S'ils partagent l'histoire de la bataille de Kosovo Poljé, leurs interprétations sont tellement contradictoires et si peu scientifiques qu'il est impossible de les réunir dans ce passé commun. Les années 1990 et la manipulation d'un nationalisme pseudo-ethnique ont empiré les choses. Il faut alors se tourner vers d'autres sujets pour tenter de forger des éléments « protonationaux » [Hobsbawm, 2001, p. 91-151], quitte à risquer de tomber dans la « tradition inventée ».

Parce qu'en apparence moins politique et doté d'une connotation fraternelle, le sport de haut niveau semble être un élément protonational parfait pour unifier Serbes et Albanais. Si ce projet du gouvernement kosovar est en théorie parfait, il se heurte parfois à l'écueil réel du nationalisme. Le sport à dimension internationale tel que les Jeux olympiques offre cette possibilité de créer un *« banal nationalism »* [Billig, 1995] vacillant, mais les efforts politiques sont parfois balayés par les survivances tenaces de haines pas aussi séculaires que ce que racontent les mythes.

6. « Kosovo : des violences meurtrières compromettent les efforts de l'ONU », *Le Monde*, 18 mars 2004, <www.lemonde.fr/europe/article/2004/03/18/kosovo-des-violences-meurtrieres-compromettent-les-efforts-de-l-onu_357170_3214.html>.

7. Pour une analyse des conséquences de l'autoproclamation du Kosovo voir P. Claret (dir.), « Kosovo : entre légalité et légitimité. La balkanisation en marche ? », *Revue d'études politiques et constitutionnelles est-européennes*, numéro spécial, 2009, <www.est-europa.univ-pau.fr/images/archives/2008-2010/2009_special.pdf>.

Hérodote, n° 192, La Découverte, 1er trimestre 2024.

Les efforts de création d'un sentiment d'appartenance kosovare par les Jeux olympiques

Le sport est propice à la diffusion d'un *« banal nationalism »* ou nationalisme ordinaire selon la formule de Michael Billig. En effet, au même titre que les symboles protonationaux, le sport, et particulièrement le sport de haut niveau, est un vecteur de diffusion du sentiment national sans tomber dans le nationalisme agressif. Néanmoins, il est l'occasion de rassembler les membres de la communauté par-delà leurs différences dans un esprit de solidarité commune. Le temps de la compétition, ils sont avant tout des éléments de la nation. Ils aspirent à la réussite, même éphémère de la nation et si la ou le sportif ou l'équipe prend le meilleur sur ses concurrents alors ce moment peut, parfois, se transformer en lieu de mémoire [Soulier, 2023].

La visibilité militante du Kosovo par la reconnaissance de son Comité national olympique

La reconnaissance d'un État passe bien évidemment par la reconnaissance par ses pairs, notamment par l'ONU, mais lorsque cette reconnaissance est semée d'embûches, il est parfois nécessaire de passer par d'autres moyens pour se rendre visible.

C'est bien le cas du Kosovo. Cette petite enclave est intégrée sous différentes formes à la Serbie.

> Le Kosovo est une terre étrange et désolée. Partout ailleurs dans les Balkans, l'histoire exceptionnellement riche de la région a marqué les lieux et les cultures. Slaves, Autrichiens et Turcs se sont disputé ces terres pendant des siècles, et les villes de Croatie, de Bosnie et de Serbie recèlent des joyaux d'architecture ottomane et austro-hongroise. Mais au Kosovo, la seule page historique qui semble avoir laissé son empreinte est l'épisode communiste. À Pristina, une triste architecture soviétique aux immenses bâtiments grisâtres domine la ville. Il y règne une atmosphère austère et oppressante. Partout où le regard se pose, c'est une sensation de vide et d'ennui qui domine. En dehors de quelques monastères orthodoxes si chers aux Serbes, le Kosovo semble avoir été de toute éternité privé de beauté. C'est une sorte de trou noir. Et la vie y est extrêmement dure [Bardet, 2011, p. 11].

Néanmoins, après la guerre des années 1990, la chute de Slobodan Milošević et les exactions de 2004, le Kosovo déclare de façon unilatérale son indépendance. Ici, il est bien question de l'indépendance de son État et non de la formation de sa nation. En effet, le Kosovo prend à rebours l'histoire des États-nations européens en

Hérodote, n° 192, La Découverte, 1er trimestre 2024.

se souciant d'abord de la reconnaissance de ses institutions et ensuite de la réalité de sa communauté nationale. Ceci est dû à au moins deux éléments. La RSFY (République socialiste fédérale de Yougoslavie) est sûrement le premier facteur puisque dans la fédération titiste, comme en URSS, une distinction est faite entre la nationalité et la citoyenneté. La deuxième étant un accessoire de la première qui peut être évolutive au fil de la vie. La citoyenneté, parce que liée à l'État, est une chose sérieuse alors que la nationalité relève du folklore, du personnel. Deuxième facteur, la mise à l'arrière-plan de la nation au profit de l'État peut provenir de l'habitude (plus ou moins forcée) de mixité culturelle. La péninsule des Balkans est connue pour son mélange parfois délétère entre plusieurs cultures et religions. Au Kosovo, outre les Albanais (93 % de la population) et les Serbes (1,5 %), de nombreuses autres nationalités se côtoient : les Roms (0,5 %), les Gorans (0,6 %), les Turcs (1,1 %), les Bosniaques (1,6 %), les « Égyptiens » (0,7 %) ou encore les Ashkalis (0,9 %)[8]. La stratégie des tenants de l'indépendance du Kosovo semble être de vouloir d'abord obtenir la reconnaissance de l'État pour, ensuite, à terme, espérer la création d'une communauté nationale unie. Cette stratégie est complétement à rebours des schémas européens classiques tels que proposés par Miroslav Hroch.

Faute de reconnaissance officielle par les grandes organisations internationales telle que l'ONU ou l'Union européenne, le Kosovo passe par d'autres instances pour se donner une visibilité internationale. Sorte de méthode Coué diplomatique, l'idée est de se faire admettre comme membre indépendant dans ces instances pour imposer son existence. Les organisations sportives internationales sont des portes d'entrée de choix vers cette reconnaissance étatique.

L'histoire olympique du Kosovo est aussi complexe que son histoire politique. Avant la déclaration unilatérale d'indépendance, les sportifs participent avec le Comité national olympique (CNO) serbe. Cette situation pose d'énormes problèmes de discrimination. Les sportifs d'origine albanaise sont souvent exclus des sélections. Cette solution est représentative de la vie du Kosovo à l'époque puisque, depuis la prise de pouvoir de Slobodan Milošević et ses nombreuses attaques contre les Albanais du Kosovo, les deux communautés sont séparées, il s'agit d'une sorte de régime d'apartheid kosovar afin de limiter les risques de conflits[9]. De même, faire concourir les sportifs kosovars sous les couleurs serbes est une reconnaissance implicite de la part du Comité international olympique (CIO) de la serbité du Kosovo.

---

8. Central Intelligence Agency (CIA), « Kosovo. The World Fact Book », <www.cia.gov/the-world-factbook/countries/kosovo/>.

9. Voir notamment P. Soulier, « Le Conseil de l'Europe à l'épreuve de la construction d'une société multiethnique au Kosovo », mémoire de Certificat d'études européennes, sous la direction de Philippe Claret, université de Bordeaux, 2013.

Hérodote, n° 192, La Découverte, 1er trimestre 2024.

De 2008 à 2014, les choses deviennent encore plus floues puisque le Kosovo déclare de façon unilatérale son indépendance, mais il n'est pas totalement reconnu comme État indépendant et ne possède pas de CNO. Ne voulant pas prendre parti pour l'une ou l'autre des deux nations, le CIO laisse le choix aux sportifs : soit ils concourent sous la bannière olympique des athlètes indépendants, soit ils concourent pour l'Albanie. Cette dernière impose alors la condition que les sportifs possèdent au moins la double nationalité albanaise. Par cette posture qui se veut apolitique, le CIO occupe une position éminemment politique car il prend la décision de ne pas reconnaître le Kosovo au même titre que de nombreux États tels que la Russie, la Chine ou l'Espagne, pour des raisons différentes. Mais il ne tranche pas sur la nationalité du Kosovo. En effet, si, durant la période précédente, les sportifs étaient *de facto* rattachés au CNO serbe, désormais ils ont le choix. Leur permettre d'opter pour la bannière olympique peut également être interprété comme une porte de secours pour eux pour ne pas avoir à s'impliquer dans la lutte entre la Serbie, le Kosovo et l'Albanie.

Depuis 2008, les organisations internationales butent sur la question de la reconnaissance du Kosovo et donc de son admission en leur sein. La Russie, partenaire historique de la Serbie, est un acteur majeur dans la non-reconnaissance de ce potentiel nouvel État. Par exemple, cette même année, elle demande à ce que le Conseil de sécurité de l'ONU se réunisse pour discuter de la déclaration d'indépendance qu'elle qualifie de « nulle et non avenue ». Les autres membres ne se rangent pas derrière Moscou mais ne se prononcent pas non plus en faveur du Kosovo. L'ONU s'en tient à la résolution 1244 adoptée en 1999[10]. Le Kosovo, placé sous protectorat de l'ONU, a le droit de déclarer son indépendance sans l'accord ni de celle-ci ni de la Serbie. Néanmoins, en 2008, pour éviter d'avoir à se prononcer sur l'indépendance du Kosovo, l'ONU saisit la Cour de justice internationale (CJI) pour l'interroger sur la conformité de cet acte au droit international. Celle-ci répond que la déclaration est conforme puisqu'elle respecte la résolution 1244[11]. Il est à noter que l'ONU et la CJI s'intéressent à la conformité de la déclaration et non à son opportunité. Quoi qu'il en soit, l'ONU adopte une posture de compromis en accordant un statut particulier d'observateur au Kosovo. L'Organisation mondiale de la santé fait de même. Certaines institutions comme Interpol, par contre, refusent de le reconnaître. Finalement, ce sont les organisations sportives internationales qui sont les plus promptes à s'engager pour le

10. OTAN, « Le rôle de l'OTAN au Kosovo », 10 novembre 2023, <www.nato.int/cps/fr/natohq/topics_48818.htm>.

11. Cour internationale de justice, « Conformité au droit international de la déclaration unilatérale d'indépendance relative au Kosovo », affaire 141, <www.icj-cij.org/fr/affaire/141>.

Hérodote, n° 192, La Découverte, 1er trimestre 2024.

Kosovo[12]. En 2014, le CIO reconnaît officiellement le CNO kosovar, mettant définitivement fin à la confusion générale. Il déclare statuer « dans l'intérêt des athlètes au Kosovo et pour dissiper les incertitudes qu'ils auraient pu avoir[13] ». Toutefois, les sportifs d'origine albanaise sont bien plus présents dans cette équipe que leurs homologues serbes. Certes, les Albanais représentent 90 % de la population du Kosovo mais force est de constater que les Serbes ne préfèrent pas porter les couleurs du Kosovo et trouvent toujours le moyen d'être sélectionnés pour la Serbie... qui les accueillent à bras ouverts.

Ainsi, le Kosovo participe pour la première fois aux Jeux olympiques (JO) en 2016 à Rio de Janeiro en envoyant huit sportifs et repartant avec une médaille d'or pour la judokate Majlinda Kelmendi. Aux JO de 2020-2021, onze sportifs représentent le Kosovo et ils obtiennent deux médailles d'or, toujours en judo[14]. Les participations aux JO d'hiver sont plus compliquées. En 2018 et en 2022, le Kosovo envoie respectivement un puis deux athlètes, mais tous reviennent bredouilles.

L'histoire olympique du Kosovo est vraiment à l'image de l'histoire de sa reconnaissance, complexe et semer d'embûches. Cependant, il faut noter que malgré la revendication affirmée du CIO de ne pas vouloir faire de politique, il s'avère être une des organisations internationales des plus progressistes en reconnaissant le CNO kosovar. Certes, reconnaître un CNO n'a pas autant de valeur que de reconnaître un État, mais c'est au moins un premier pas dans la reconnaissance d'institutions indépendantes. Cela a-t-il permis de créer un sentiment d'appartenance nationale ? Rien n'est moins sûr. Comme nous l'avons signalé, ce sont surtout des sportifs d'origine albanaise qui concourent pour le Kosovo. L'équipe olympique ne comporte aucune mixité nationale, sur ce plan c'est un échec. Mais l'engouement des sportifs d'origine albanaise montre que ces derniers ne se sentent pas nécessairement proches de l'Albanie et participent à la création de la nation kosovare, certes à tendance albanaise mais sans être non plus l'Albanie.

12. La plupart de ces organisations reconnaissent déjà la Palestine, donc ne peuvent logiquement pas refuser le Kosovo dès lors qu'il remplit toutes les conditions d'adhésion. Pour ce qui est de l'UEFA, elle ne semble pas très claire sur la qualité des associations membres. États ou nations ? Le pays de Galles et l'Écosse participent indépendamment de l'Angleterre. Donc pourquoi ne pas accepter le Kosovo ?

13. Radio Canada, « Le CIO reconnaît provisoirement le Kosovo », 22 octobre 2014, <https://ici.radio-canada.ca/nouvelle/690418/kosovo-cio-reconnaissance>.

14. AFP, « JO de Tokyo : Majlinda Kelmendi, superstar du judo et héroïne du Kosovo », 4 juillet 2021, vidéo accessible sur YouTube, <www.youtube.com/watch?v=Nqs1Tdn5s-o>.

Hérodote, n° 192, La Découverte, 1er trimestre 2024.

Les judokas, des sportifs indépendants pour le Kosovo

En plus d'être la discipline la plus pourvoyeuse de médailles pour le Kosovo, surtout chez les femmes, le judo est également un sport militant. Cependant, l'engagement des sportifs évolue depuis plus de trente ans.

Au début des années 1990, Toni Kuka[15] est le meilleur judoka yougoslave dans la catégorie des moins de 71 kilos. Il se prépare même pour les JO de Barcelone en 1992. Mais comme tous les sportifs albanais de l'ancienne province autonome, il choisit de se retirer des sélections nationales pour protester contre la politique discriminatoire du régime de Slobodan Milošević. Fervent partisan d'un Kosovo indépendant, Toni Kuka prend les armes en 1999, en s'engageant dans les rangs de l'armée de libération du Kosovo (UÇK). Après la guerre, il ne reprend pas sa carrière de sportif international. Il ouvre un dojo à Peć dans un bâtiment en ruine du quartier d'Asllan Çeshme ravagé par la guerre. S'installer à Peć dans un tel contexte est lourd de sens. Cette ville est l'un des centres névralgiques de l'Église orthodoxe serbe et donc un symbole de la serbité. Il souhaite alors donner confiance aux enfants du quartier après des années de minoration et d'exclusion de la société, en leur montrant que les Kosovars sont capables de gagner des médailles.

Rappelant les Turn prussiens[16], le dojo se veut un centre d'apprentissage non seulement du judo mais aussi du sentiment d'appartenance kosovare. L'objectif est de transmettre l'amour pour ce territoire et d'éduquer à la revendication de son indépendance. Les athlètes d'origine kosovare ne devraient pas avoir à choisir entre concourir avec la Serbie, avec l'Albanie ou sous la bannière indépendante.

Les principes du *banal nationalism* de Michael Billig sont bien présents ici puisque Toni Kuka diffuse par la pratique sportive un sentiment d'appartenance au Kosovo ainsi que l'engagement pour l'indépendance. Il reprend ici le poncif du sport vecteur de cohésion sociale[17].

Loin de rester une expérience dans l'ombre, l'initiative de Toni Kuka se révèle être une réussite comme le montre l'histoire de son élève la judokate Majlinda

15. Thea Cowen, « An interview with Driton Kuka », European Judo Union, 8 janvier 2022, <www.eju.net/an-interview-with-driton-kuka/>.

16. Imaginés par Friedrich Ludwig Jahn, les Turn sont des gymnases prussiens au sein desquels la population pratiques des activités gymniques sur fond d'exaltation au moins patriotique sinon nationaliste.

17. Le sport n'est pas porteur intrinsèque de valeurs. Il ne porte que celles qu'on lui donne. En France, c'est surtout à partir des années 1990, et surtout après la victoire de la France en 1998 que le sport est présenté comme un vecteur de cohésion sociale.

Hérodote, n° 192, La Découverte, 1er trimestre 2024.

Kelmendi. Le potentiel de la jeune fille est remarqué très tôt et elle enchaîne les victoires à partir de 2009. En dehors des tatamis, elle se bat aussi pour la reconnaissance de l'indépendance du Kosovo par les organisations sportives internationales. Mais en 2012 elle est contrainte de participer aux JO de Londres pour l'Albanie, dont elle possède aussi la nationalité. En revanche, en 2016 à Rio, elle est désignée porte-drapeau de la délégation kosovare et repart avec la première médaille olympique – qui plus est en or – pour le Kosovo. Toujours présente aux JO de Tokyo, elle emporte une nouvelle fois l'or. Ses victoires et son engagement en faveur de la reconnaissance du Kosovo font d'elle une véritable légende nationale.

En plus de créer autour d'elle un sentiment d'appartenance au Kosovo, de le faire briller sur la scène internationale en tant que sportive qui remporte des titres olympiques, elle est, avec notamment sa comparse Distria Krasniqi, une « sainte icône » de cette entité. La notion de sainte icône apparaît sous la plume d'Eric Hobsbawm [2001, p. 137] lorsqu'il s'interroge sur les différentes catégories des éléments protonationaux. Selon lui, seules les saintes icônes peuvent être considérées comme de véritables éléments protonationaux puisque ce sont les uniques symboles « qui [seuls] donnent une réalité palpable à une communauté par ailleurs imaginaire ». En effet, dans le cas du Kosovo, la communauté nationale ne peut se fonder ni sur la langue, ni sur l'ethnie ni sur la religion, éléments protonationaux traditionnels car ils sont des points de tension au moins entre les Serbes et les Albanais. Il faut donc trouver autre chose, capable de dépasser ces différences. Les sportifs victorieux aux JO semblent d'excellents palliatifs. Majlinda Kelmendi et Distria Krasniqi sont des incarnations du Kosovo.

Majlinda Kelmendi devient un symbole d'autant plus fort du Kosovo qu'après son succès à Rio elle a préféré rester à Peć malgré les sollicitations de naturalisation et de salaires mirobolants (Kazakhstan). Elle choisit de rester malgré le manque de budget alloué au sport au Kosovo.

L'histoire de Majlinda Kelmendi est importante dans la construction du Kosovo. D'origine albanaise, elle est profondément ancrée à Peć, ville centrale dans l'historiographie serbe. Elle est clairement à la croisée des deux nationalités au cœur des débats sur le statut du territoire. Son choix de prendre le parti du Kosovo et non du rattachement à l'Albanie est un acte politique fort et nécessaire à l'entretien de la dynamique indépendantiste engagée depuis 2008.

Son impact sur la reconnaissance du Kosovo n'échappe pas aux politiques. Après Rio, elle a été sollicitée par la coalition PDK-AAK-Nisma (coalition de partis pro-albanais et europhiles) pour être candidate aux législatives. Toni Kuka s'emploie à la tenir loin des récupérations politiques. Il est clair que le coach fait la différence entre un engagement politique au sens premier du terme, auquel il est favorable, et un engagement politicien.

Hérodote, n° 192, La Découverte, 1er trimestre 2024.

La présidente actuelle souligne l'importance des sportifs comme Majlinda Kelmendi, en avril 2021 : « [Ils ont] hissé le drapeau du Kosovo là où ni la politique ni la diplomatie n'ont pu aller [...]. Pour notre jeunesse : rien n'est hors de portée, avec de la détermination, du travail, de la passion et de la discipline, les rêves deviennent réalité[18]. »

Si le judo donne l'impression d'une construction volontariste de la nation kosovare, il ne faut pas pour autant croire que cette communauté est réelle. Il suffit de s'intéresser au football pour comprendre que les avancées sont encore minimes et très vacillantes.

L'échec de la diffusion du sentiment d'appartenance kosovare par la persistance d'identités sportives fortes

Le football est l'un des sports rois au Kosovo. La fédération est créée en 2008 dans la dynamique de la déclaration d'indépendance. En mars 2016, la FIFA puis l'UEFA reconnaissent le Kosovo comme membre de leurs instances. Depuis 2014, son équipe nationale était autorisée à disputer uniquement des matchs amicaux. Le blocage de son adhésion, notamment par la Serbie, exclut le Kosovo des compétitions officielles. Après de longues négociations, il joue finalement son premier match de compétition, en 2016[19], lors des éliminatoires de la Coupe du monde 2018[20].

L'étude du football dans la péninsule en général et au Kosovo en particulier est intéressante car, en raison de la médiatisation de ce sport, il devient la vitrine des tensions nationalistes qui persistent entre les Kosovars d'origine serbe et ceux d'origine albanaise ne laissant finalement que très peu de place à une identité kosovare *sui generis*.

Hérodote, n° 192, La Découverte, 1er trimestre 2024.

---

18. Nerimane Kamberi et Simon Rico, « Avec le judo, le Kosovo pèse lourd sur les JO de Tokyo », *Le Courrier des Balkans*, 25 juillet 2021, <www.courrierdesbalkans.fr/Judo-le-kosovo-pese-lourd-aux-jo-de-tokyo>.

19. Loïc Trégourès, « Le Kosovo indépendant et le football : "Nous jouons donc nous sommes" », *The Conversation*, 19 février 2020, <https://theconversation.com/le-kosovo-independant-et-le-football-nous-jouons-donc-nous-sommes-92071>.

20. *Footballski*, <https://footballski.fr/category/nos-pays/balkans/kosovo>.

Terrains de football, terrains d'allégeance nationaliste

Le football est un marqueur nationaliste très fort dans la péninsule balkanique. Les souvenirs des massacres durant les guerres des années 1990 sont toujours très présents dans les stades. Les ultras de l'Étoile rouge de Belgrade se sont engagés aux côtés de Slobodan Milošević. Placés sous le commandement d'Arkan[21], ils participent activement aux massacres en Bosnie-Herzégovine et au Kosovo [Soulier, 2020, p. 303-311]. Troupes paramilitaires abreuvées d'alcool, ils répondaient au nom des Tigres d'Arkan. Fervents défenseurs de la Grande Serbie, ils n'hésitent pas à s'éloigner de Slobodan Milošević suite aux accords de Dayton en 1995. Ils participent aux mouvements de contestation qui renversent Slobodan Milošević en octobre 2001. Ils ne se convertissent pas pour autant à la démocratie mais partagent la dynamique de dégagisme d'alors. La chute de Slobodan Milošević a légèrement entrouvert la porte à la démocratie sans parvenir à chasser le nationalisme violent pro-serbe. Ce sentiment d'appartenance exacerbé par les souvenirs des années 1990, l'euroscepticisme et les crises économiques, politiques, sociales et sanitaires se manifeste à la fois dans les urnes, portant au pouvoir des hommes tels que Aleksandar Vučić[22], ou dans des comportements condamnables sur les terrains [Trégourès, 2020, p. 141-157].

L'histoire du jeune footballeur Ilija Ivić témoigne de ces tensions[23]. En 2020, le jeune homme de seize ans, d'origine serbe et vivant à Gračanica (dix kilomètres de Priština) est sélectionné pour intégrer l'équipe nationale du Kosovo. C'est une première ! Il évolue déjà dans un club « albanais » de Priština. Il accepte la sélection, ce qui provoque un tollé chez les Serbes, jusqu'à Belgrade. Il est qualifié de traître par la presse qui ne peut pas concevoir qu'un Serbe joue pour le Kosovo. Juste après cette annonce de sélection, sa mère, fonctionnaire au centre culturel de Gračanica, perd son emploi sans motif officiel. Selon elle, le choix de son fils est la raison de son licenciement[24].

21. Željko Ražnatović (1952-2000), dit « Arkan », est un chef de guerre serbe à la tête de la milice paramilitaire les Tigres d'Arkan. Ses troupes participent à de nombreux massacres durant les guerres des années 1990. Il est inculpé en 1997 pour crimes de guerre, assassiné le 15 janvier 2000 à l'hôtel Continental de Belgrade.

22. Sur Aleksandar Vučić, voir notamment « Élections serbes : Aleksandar Vučić tout puissant ? », Cultures monde, France culture, 18 décembre 2023. <https://www.radiofrance.fr/franceculture/podcasts/cultures-monde/elections-serbes-aleksandar-vucic-tout-puissant-7654610>.

23. « Au Kosovo, la solitude du joueur de football serbe », *Challenges*, 10 mars 2020, <www.challenges.fr/societe/au-kosovo-la-solitude-du-joueur-de-football-serbe_702177>.

24. « La mère d'un footballeur serbe licenciée après que son fils a choisi le Kosovo », *So Foot*, 24 février 2020, <www.sofoot.com/breves/la-mere-dun-footballeur-serbe-licenciee-apres-que-son-fils-ait-choisi-le-kosovo>.

Hérodote, n° 192, La Découverte, 1er trimestre 2024.

Le cas d'Ilija Ivić conduit à un ensemble de remarques. D'abord, Belgrade conserve une influence majeure sur les Serbes du Kosovo. La capitale serbe semble encourager la ségrégation entre les deux grandes communautés afin de conserver son pouvoir sur les Serbes. Le fait de s'engager pour le Kosovo est considéré comme une preuve de déloyauté. Le cas de la mère d'Ilija Ivić donne un aperçu des conséquences. En soutenant son fils, elle est elle aussi perçue comme une traître à la communauté serbe et donc n'a plus le droit d'être fonctionnaire. Pour les Serbes, s'engager pour le Kosovo est l'assurance de perdre leurs privilèges, c'est-à-dire avoir un emploi stable et généralement mieux rémunéré car dépendant souvent de la Serbie et non du Kosovo.

Ensuite, il apparaît clairement que la Serbie souhaite maintenir un système parallèle au moins dans les enclaves du Nord. Ceci passe également par le maintien de clubs de foot distincts de ceux des Albanais et la non-reconnaissance de la fédération du Kosovo. De plus, la Serbie maintient un sentiment d'appartenance serbe dans lequel les Albanais demeurent les ennemis. Le but est de perpétuer l'idée que le Kosovo, et particulièrement le Nord, est un territoire serbe. En résumé, de continuer de lier les Serbes dans la revendication du Kosovo et dans l'hostilité à son indépendance.

Enfin, cette histoire révèle aussi que pour la génération qui est née après les guerres et qui a connu la déclaration d'indépendance, le parti pris nationaliste n'est pas nécessairement un réflexe. Le cas d'Ilija Ivić montre que quand les deux communautés vivent ensemble, elles dépassent ces tensions pour se ranger vers un sentiment d'appartenance au Kosovo rejoignant ici l'entreprise menée par Toni Kuka. La démarche d'Ilija Ivić est avant tout sportive, il saisit une opportunité footballistique, mais elle est la preuve que l'appartenance ethnique n'est pas toujours un élément décisif dans un choix. Certains Kosovars sont capables de dépasser les tensions nationalistes.

Toutefois, il faut savoir raison garder. L'histoire de ce jeune footballeur n'est pas suffisante pour affirmer la présence d'un sentiment d'appartenance fort au Kosovo, mais elle participe à ce nationalisme ordinaire qui pourrait être à l'origine d'un mouvement plus vaste.

Terrains de football, terrains de lutte pour la reconnaissance internationale

La création d'un sentiment d'appartenance au Kosovo ne se joue pas uniquement sur les terrains locaux, elle s'est exportée au niveau international où elle prend une coloration politique majeure.

Le sport est un instrument politique et diplomatique comme la présidente du Kosovo l'a rappelé en avril 2021. Deux faits sont révélateurs de cette puissance politique.

Hérodote, n° 192, La Découverte, 1er trimestre 2024.

Le premier est un peu ancien, il remonte à 2014 lors d'un match de qualification à l'Euro 2016 opposant la Serbie et l'Albanie[25]. Durant le match, un drone traverse le terrain transportant le drapeau et une carte de la Grande Albanie. Un joueur serbe tente d'enlever le drapeau alors que le drone s'apprête à toucher la pelouse. Il déclenche ainsi la fureur des joueurs albanais. Une bousculade générale s'engage dans les gradins. Les supporteurs serbes lancent des objets et des fumigènes sur les footballeurs albanais. Certains envahissent la pelouse pour attaquer les sportifs albanais en hurlant « Tuez les Albanais ». L'arbitre n'a pas d'autre choix que d'arrêter la rencontre à la 41e minute. Ces faits se déroulent sous les yeux de Tomislav Nikolić alors président de la Serbie, quelques jours avant une visite officielle d'Edi Rama, Premier ministre de l'Albanie. Cet incident provoque une onde de choc au Kosovo, point central de la tension entre les deux États. À Priština, 5000 Kosovars réunis devant un écran géant applaudissent le drone et crient à la Grande Albanie.

Cet incident, certes aujourd'hui un peu daté, montre que l'expression du nationalisme n'est pas le seul fait de la Serbie, et que le projet de Grande Albanie demeure également présent. L'appropriation du Kosovo demeure un projet politique pour les deux États. Toutefois, il s'agit clairement d'une provocation de la part des Albanais d'Albanie puisque celle-ci reconnaît l'indépendance du Kosovo. Dans ce cas, il est davantage question de zone d'influence culturelle.

Les tensions perdurent toujours et révèlent la présence, au moins sous-jacente, sinon affirmée des rivalités nationalistes entre Albanais et Serbes au détriment d'un nationalisme kosovar. En 2019, l'Étoile rouge de Belgrade affronte le club de Trepča à dominance serbe dans le nord du Kosovo[26]. Le bus des joueurs est refoulé à la frontière entre la Serbie et le Kosovo, et le match est reporté. Le secrétaire général de la Fédération de football kosovare explique que l'Étoile rouge, tout comme le Partizan (club serbe) sont les bienvenus pour jouer des matchs amicaux ou humanitaires mais en aucun cas dans le cadre du championnat national de Serbie. La Serbie et le Kosovo ont chacun leur propre championnat national qui se jouent uniquement sur le sol national. *De facto*, un club kosovar, même composé exclusivement de Serbes n'a pas vocation à participer au championnat serbe. Le Kosovo rappelle ainsi clairement à la fois son indépendance, sa volonté de mettre fin au système parallèle serbe, tout en affirmant vouloir entretenir des relations de bon voisinage avec la Serbie. Le championnat kosovar pourrait

25. « Un drone et un drapeau, puis le chaos lors d'un match Serbie-Albanie », *Le Monde*, 15 octobre 2014, <www.lemonde.fr/football/article/2014/10/15/incident-diplomatique-entre-serbes-et-albanais-sur-la-pelouse_4506378_1616938.html>.

26. « Nord du Kosovo : le match Étoile rouge-FK Trepča Mitrovica aura-t-il lieu ? », *Le Courrier des Balkans*, 3 octobre 2019, <www.courrierdesbalkans.fr/Nord-du-Kosovo-le-match-entre-l-Etoile-rouge-de-Belgrade-et-le-FK-Trepca>.

Hérodote, n° 192, La Découverte, 1er trimestre 2024.

devenir une sorte de « sainte icône ». En effet, il réifie le nationalisme kosovar en tentant d'instiller un sentiment d'appartenance. De plus, exclure les clubs serbes est une façon d'éviter les manifestations de nationalisme violentes de la part des supporters. En limitant les risques de provocations de part et d'autre, la fédération kosovare, se place dans une démarche d'apaisement entre les nationalités.

Un deuxième fait plus récent a trait aux matchs de football du Kosovo à l'extérieur. En mars 2021, le Kosovo se rend en Espagne dans le cadre des qualifications pour le Mondial 2022 au Qatar[27]. Problème, l'Espagne ne reconnaît pas le Kosovo et entend afficher clairement sa position.

D'abord, dans les communiqués de la fédération espagnole, il est précisé que l'Espagne affrontera le « territoire du Kosovo » alors qu'elle ne fait pas ce genre de précision pour ses autres adversaires. Ici l'objectif est limpide : le Kosovo, contrairement à la Géorgie et à la Grèce, autres équipes du groupe, n'est pas un État. La demande est faite à la télévision de faire attention à ne pas caractériser le Kosovo comme un État mais comme un territoire. Cette nuance de langage est extrêmement intéressante car elle questionne sur la définition juridique de l'État. En effet, la définition de Max Weber est souvent avancée pour définir l'État. Dans le *Savant et le Politique* [2003, p. 118], il écrit : « L'État est cette communauté humaine qui, à l'intérieur d'un territoire déterminé [...], revendique pour elle-même et parvient à imposer le monopole de la violence physique légitime. » En se plaçant du point de vue du sentiment national, aucune des conditions évoquées par Max Weber n'est remplie par le Kosovo. Sur cette terre cohabitent au moins deux communautés qui n'ont pas l'intention de vivre ensemble. L'intégrité du territoire est remise en cause puisque les Serbes demandent un rattachement *a minima* du Nord à la Serbie. Quant à la revendication de « violence physique légitime », il est certain que le gouvernement central n'est pas reconnu par les Serbes qui s'en remettent plus aisément à Belgrade. De ce point de vue-là, l'Espagne est légitime à ne pas vouloir qualifier le Kosovo d'État. Autre élément de définition d'un État : la reconnaissance par ses pairs. Ici, encore, le Kosovo ne peut pas être nommé État puisque l'Espagne, comme d'autres États, fait un blocage dans sa reconnaissance. Contrainte, l'Espagne prend la décision d'employer des périphrases pour parler de ses adversaires lors de ce match pour ne pas avoir à s'exprimer sur le statut du Kosovo.

L'Espagne décide également de ne pas hisser le drapeau kosovar dans le stade ni de faire retentir l'hymne du Kosovo. La fédération de football du Kosovo ne manque pas de rappeler à l'Espagne les droits découlant de son admission

27. Eva Moysan, « Coup de chaud diplomatique autour du match Espagne-Kosovo », *Libération*, 17 mars 2021, <www.liberation.fr/international/europe/coup-de-chaud-diplomatique-autour-du-match-espagne-kosovo-20210317_P25U47E7YFFAZHQXNYAYZ2Y35I/>.

Hérodote, n° 192, La Découverte, 1er trimestre 2024.

à l'UEFA et à la FIFA : obligation d'afficher le drapeau et de diffuser l'hymne dans le stade. Ainsi, la décision politique de l'Espagne de ne pas reconnaître le Kosovo n'a aucun impact sur le sport. Le Kosovo est membre de droit des instances internationales de football, il a les mêmes droits que les autres, peu importe son statut. Cette situation est assez ubuesque puisqu'un État qui n'en reconnaît pas un autre se trouve contraint par une instance sportive à diffuser son hymne et à afficher son drapeau. Finalement, l'Espagne se voit obligée de participer au processus de *banal nationalism* du Kosovo sans reconnaître l'existence de l'État.

Si cette histoire prête à sourire, elle montre l'importance de ce qui se passe au Kosovo pour les autres États. L'Espagne fait partie des rares États de l'ancienne Europe de l'Ouest à s'opposer à la reconnaissance du Kosovo. Quant à la Russie ou la Chine, elles sont des alliées historiques de la Serbie. Cette opposition espagnole est la conséquence des problématiques indépendantistes propres à l'Espagne. Aucun gouvernement espagnol n'a fait de lien direct entre le Kosovo et la Catalogne, mais il est clair que tous craignent une récupération politique par les indépendantistes pour légitimer l'indépendance de la Catalogne.

Conclusion

Le sport de haut niveau au Kosovo est à l'image du reste de la société : compliqué. Il est facile de se perdre dans les méandres de l'histoire et dans les arguments nationalistes de chacune des communautés nationales.

Bien qu'il faille reconnaître que certaines instances sportives internationales font preuve d'audace en reconnaissant le Kosovo, elles ne pèsent pas bien lourd dans le processus global. Ceci montre à quel point il est donné une valeur et une mission excessives au sport. Le sport est souvent présenté comme un vecteur de fraternité et d'amitié entre au moins les membres d'une même communauté, un moyen de tisser entre eux un lien fort dépassant leurs différends. Le Kosovo montre que c'est une illusion. Au contraire, ici, le sport est davantage un vecteur des désunions et un terrain d'affrontement. Même quand certains tentent de dépasser ces clivages pour rassembler Serbes et Albanais sous la bannière kosovare, ils sont soit très minoritaires et risquent la récupération politique, soit mis au ban de leur communauté d'origine.

Le décès d'un policier kosovar tué par un commando serbe le long de la frontière serbo-kosovare en septembre 2023 démontre que le sport est bien impuissant dans la réconciliation et l'amitié entre les Serbes et les Albanais[28]. Ils ne sont

28. « Nord du Kosovo : une zone toujours sous haute tension », *Le Courrier des Balkans*, <www.courrierdesbalkans.fr/+-Tensions-Nord-Kosovo-+>.

Hérodote, n° 192, La Découverte, 1er trimestre 2024.

toujours pas prêts à vivre ensemble, les tensions étant largement attisées par des hommes politiques comme Aleksandar Vučić qui mènent un double jeu, affirmant selon son auditoire vouloir trouver une solution de sortie de crise ou la serbité du Kosovo.

Le sport ne peut donc pas être un élément protonational du Kosovo mais sera et saura sûrement accompagner le processus de construction nationale lorsque celui-ci sera réellement engagé par des Kosovars « qui pensent se ressembler et qui aspirent, également, à se trouver des ressemblances sous l'autorité de gouvernants dont ils estiment qu'ils leurs ressemblent » [Hermet, 1996, p. 11].

Bibliographie

ANDERSON B. (2014), *L'Imaginaire national. Réflexions sur l'origine et l'essor du nationalisme*, Paris, La Découverte.

BARDET C. (2011), *Zones sensibles. Une femme contre les criminels de guerre*, Paris, Éditions du Toucan.

BILLIG M. (1995), *Banal Nationalism*, SAGE Publications Ltd.

DÉRENS J.-A. et GESLIN L. (2012), *Comprendre les Balkans. Histoire, sociétés, perspectives*, Paris, Non-Lieu.

HARTMANN F. (2002), *Milošević, la diagonale du fou*, Paris, Éditions Denoël.

HERMET G. (1996), *Histoire des nations et du nationalisme en Europe*, Paris Éditions du Seuil.

HOBSBAWM E. (2001), *Nations et nationalisme depuis 1780*, Paris, Gallimard.

HOBSBAWM E. et RANGER T. (2006), *L'Invention de la tradition*, Paris, Éditions Amsterdam.

POPOVIĆ M. (2010), *Kosovo : histoire d'un mythe. Essai d'archéologie littéraire*, Paris, Non-Lieu.

SOULIER P. (2020), « Football, guerre et nationalisme. Le cas de la Serbie dans les années 1990 », *in* SUCHET A. et EL AKARI A., *Développement du sport et dynamique des territoires. Expériences internationales comparées*, Montpellier, Afraps, p. 303-311.

SOULIER P. (2023), « "France 98", l'héritage de la Coupe du monde de football 1998 dans la mémoire collective », *in* LOUDCHER J.-F., SUCHET A. et SOULIER P., *Héritages olympiques et patrimoine des évènements sportifs. Promesses, mémoire et enjeux*, Montpellier, Presses universitaires de la Méditerranée.

TRÉGOURÈS L. (2020), « La guerre au stade. La grammaire des tribunes en ex-Yougoslavie », *in* SUCHET A. et SOULIER P., « Pratiques sportives et identités sociales », *Cahiers de sociologie économique et culturelle*, nº 64.

WEBER M. (2003), *Le Savant et le Politique*, Paris, La Découverte.

Hérodote, nº 192, La Découverte, 1er trimestre 2024.

Islamisme et sport : entre invisibilité, amalgame, stigmatisation et protéiformité de la menace

Médéric Chapitaux[1] *et Philippe Terral*[2]

Quand l'arène politico-médiatique s'interroge

Alors que la Charte olympique précise qu'« aucune sorte de démonstration ou de propagande politique, religieuse ou raciale n'est autorisée dans un lieu, site ou un autre emplacement olympique[3] », des observateurs du milieu sportif signalent une montée des revendications politiques et religieuses au sein des clubs. Dès 2011, la visibilité des faits religieux serait de plus en plus marquée par le fait que « l'islamité affichée des vedettes du football, du basket et de l'athlétisme fait rêver de nombreux jeunes Français des quartiers populaires. Un phénomène d'identification positive qui incite à l'affirmation publique des croyances au sein des enceintes sportives[4] ». À titre d'exemple, la récente actualité sur les communications de l'international Karim Benzema et ses supposés liens avec la confrérie des Frères musulmans interpelle les autorités sur son influence auprès des plus

Hérodote, n° 192, La Découverte, 1er trimestre 2024.

1. Sociologue, chercheur associé creSco, EA 7419, université Paul-Sabatier, Toulouse.
2. Sociologue, professeur, creSco, EA 7419, université Paul-Sabatier, Toulouse.

3. Charte olympique en vigueur au 17 juillet 2020, Comité international olympique. Accessible en ligne : <https://stillmed.olympic.org/media/Document%20Library/OlympicOrg/General/FR-Olympic-Charter.pdf>.

4. Vincent Geisser, « Abidal, Ribéry... Allah est-il devenu le Dieu des stades ? », *L'Obs*, 14 novembre 2016, publié initialement dans *Respect Mag*, n° 28, janvier-février-mars 2011, <www.nouvelobs.com/rue89/rue89-nos-vies-connectees/20110114.RUE9966/abidal-ribery-allah-est-il-devenu-le-dieu-des-stades.html>.

jeunes Français qui le suivent sur les réseaux sociaux. Au plan international, la norme de neutralité est transgressée, comme ce fut le cas récemment avec le salut militaire fait au président turc par son équipe lors du match de football France-Turquie[5], ou antérieurement avec le Honduras lors de la Coupe du monde de 1982. On observe également des signes religieux ostentatoires lors de rencontres de tous niveaux en football ou dans d'autres activités physiques et sportives. Une équipe de France Télévision[6] montre à Toulouse comment une jeune femme ne peut plus s'entraîner en lutte avec des hommes en arguant du prétexte que la proximité des corps est contraire aux préceptes religieux. Un journaliste[7] de la presse écrite qui a infiltré durant plusieurs mois un club de sports décrit l'importance du fait religieux dans le quotidien des associations. Loin d'être nouveau, ce phénomène est dénoncé dès 2003 lors des auditions de la commission Stasi : le ministre de la Jeunesse et des Sports, Jean-François Lamour, faisait état de son inquiétude sur le fait que « le sport en milieu associatif devient parfois le théâtre de pratiques d'exclusion ou de prosélytisme et des logiques communautaires sont de plus en plus souvent rapportées au sein des clubs[8] ». En 2016, Patrick Kanner, alors ministre de la Ville, de la Jeunesse et des Sports, affirmait dans les médias que « les clubs de sports peuvent être des foyers de radicalisation[9] », alors que sa successeure, Roxana Maracineanu, considère que « ce phénomène de radicalisation aujourd'hui est basé sur des "on-dit", sur des choses qu'il y a dans les livres qui paraissent, mais il n'y a pas de données objectives pour pouvoir mesurer cette radicalisation[10] ». Dans un récent rapport parlementaire, la commission d'enquête

5. « France-Turquie : les joueurs turcs ont refait le salut militaire », *Le Point*, 15 octobre 2019, <https://www.lepoint.fr/sport/football/france-turquie-les-joueurs-turcs-ont-refait-le-salut-militaire-15-10-2019-2341248_1858.php>.

6. « Comment l'intégrisme religieux gagne du terrain dans les clubs de sport amateur », France TV Info, 27 mars 2018, <www.francetvinfo.fr/societe/religion/video-enquete-sur-la-radicalisation-dans-les-clubs-de-sports-en-france_2677196.html>.

7. Quentin Fouquereau, « Absence de mixité, prières... immersion au sein d'un club sportif aux pratiques troublantes », *Le Parisien*, 28 septembre 2020, <www.leparisien.fr/seine-et-marne-77/absence-de-mixite-prieres-immersion-au-sein-d-un-club-sportif-aux-pratiques-troublantes-28-09-2020-8392875.php>.

8. « Lamour s'inquiète des "dérives" dans le sport », *Nouvel Obs*, 3 octobre 2003, <www.nouvelobs.com/sport/20031028.OBS8824/lamour-s-inquiete-de-derives-dans-le-sport.html>.

9. « Patrick Kanner : "Les clubs de sports peuvent être des foyers de radicalisation" », Europe 1, 10 mai 2016, <www.europe1.fr/societe/patrick-kanner-les-clubs-de-sports-peuvent-etre-des-foyers-de-radicalisation-2741053>.

10. « Radicalisation dans le sport : "Il n'y a pas de données objectives", selon Maracineanu », *L'Équipe*, 28 septembre 2020, <www.lequipe.fr/Tous-sports/Actualites/Radicalisation-dans-le-sport-il-n-y-a-pas-de-donnees-objectives-selon-maracineanu/1177036>.

Hérodote, n° 192, La Découverte, 1er trimestre 2024.

affirme que « de plus en plus de clubs sportifs associatifs (football, basketball, boxe, boxe thaïlandaise, lutte) deviennent des clubs religieux qui promeuvent des comportements salafisés en indiquant par exemple dans leurs règlements intérieurs des prescriptions à caractère religieux [11] ». Dans le cadre des auditions menées par la Haute assemblée, le président de la fédération française de basket-ball soulignait que « l'on peut faire respecter le règlement quand il y a un arbitre officiel, mais c'est plus difficile à un petit niveau de jeu, sans arbitre officiel. L'équipe receveuse demande à l'équipe visiteuse si elle accepte que les joueuses soient voilées, et l'équipe visiteuse ne répond rien car elle a peur de se faire molester ou caillasser [12] ». Trois années après cette audition, la région Île-de-France se voit dans l'obligation de suspendre les subventions de certains clubs de basket-ball franciliens qui refusent d'interdire le port de voile dans le cadre de l'activité sportive [13]. Au regard de ces différentes prises de position institutionnelles et médiatiques, et à quelques mois de l'organisation des Jeux olympiques et paralympiques de Paris 2024, le sujet semble questionner les professionnels du secteur. Pourtant, cette ostentation religieuse dans le sport doit-elle nécessairement être considérée comme une menace ?

Une communauté scientifique qui s'interroge

Sur le plan scientifique, les interrogations subsistent et plusieurs travaux ont tenté de produire de la connaissance sur ce sujet. Bien que relativement récentes, quelques recherches interrogent la place du sport dans le parcours des terroristes comme nous l'indique Scott Atran pour qui « les candidats au martyr se réunissent d'abord et font connaissance par le biais de pratiques sportives : football, paintball, camping, escalade, arts martiaux, bodybuilding [...]. Il s'agit le plus souvent de petits groupes d'amis qui se sont radicalisés ensemble » [Atran, 2003, p. 1534-1539]. Si cette analyse pointe le rôle socialisant des espaces sportifs, elle nous invite à questionner la capacité de ces structures à devenir un potentiel incubateur de l'idéologie islamiste. Les travaux de Youcef Fatès relatifs aux liens entre l'islamisme et le sport en Algérie mettent en évidence cette connivence au cours du siècle dernier et notamment lors de la décennie noire. Le chercheur nous indique

11. « Radicalisation islamiste : faire face et lutter ensemble », Sénat, rapport n° 595 (2019-2020), tome I, déposé le 7 juillet 2020, <www.senat.fr/rap/r19-595-1/r19-595-1.html>.

12. *Ibid.*

13. « Basket : la région Île-de-France va couper son aide financière aux clubs refusant d'interdire le voile », Franceinfo, 11 octobre 2023, <www.francetvinfo.fr/sports/basket/basket-la-region-ile-de-france-coupe-son-aide-financiere-aux-clubs-favorables-au-voile_6114933.html>.

Hérodote, n° 192, La Découverte, 1er trimestre 2024.

que, « durant la période de l'ascension des islamistes, les sports de combat et en particulier le judo et le karaté se développent et suscitent un engouement auprès des jeunes en Algérie [...]. Ces sports sont préparatoires de milices et de futurs terroristes islamistes qui mèneront le combat contre les Algériens » [Fatès, 2004, p. 91]. Pour illustrer les recherches de Fatès, l'exemple de Boualem Bensaïd, alors membre du Groupe islamique armé et un des auteurs de l'attentat de 1995 en France, était membre de l'équipe nationale algérienne de karaté. Cette analyse se vérifie également lors de l'étude des attentats de Madrid en 2004 [Atran, 2003] et de Londres en 2005 [Hecker, 2007] ou lorsque le Hamas a décidé de créer une équipe de football dans laquelle il a recruté et formé ses premiers kamikazes [Bronner, 2016, p. 220]. Une recherche récente souligne que « dix des treize djihadistes interrogés ont pratiqué des activités viriles (sports de combat dans huit des cas et musculation dans deux autres cas), les préparant à la confrontation physique » [Crettiez et Sèze, 2017, p. 70]. Le sport semblerait donc jouer un rôle dans le processus conduisant au terrorisme mais sans différencier le rôle de la pratique de celui de la structure. Dans certaines situations, il s'agit de préparer l'individu au passage à l'acte violent en suivant les conseils d'organisations terroristes[14] et, dans d'autres cas, la structure apparaît comme un lieu de recrutement. Cette double stratégie semble perdurer auprès des nouveaux groupes terroristes puisque Olivier Roy montre comment « un groupe de Portugais convertis vivant à Londres, parti rejoindre Daech, s'est mis en place dans le cadre d'un club de boxe thaï, créée par une ONG britannique travaillant à l'intégration des immigrés » [Roy, 2016, p. 54]. De leurs côtés, Bernard Rougier [2020] et Hugo Micheron [2020] mettent également en évidence des connexions entre les clubs sportifs et le microcosme djihadiste hexagonal. Ces analyses ne sont pas sans rappeler les alertes d'un rapport du Conseil de l'Europe indiquant que « les sports de combat, le futsal et la musculation faisaient partie des pratiques les plus impactées dans l'enrôlement par des extrémistes » [Bloch, 2011, p. 148]. D'autres travaux montrent que le « football est mis au service de l'islam » [Weiss, 2012, p. 34] et que les clubs « de football ou de combat affiliés aux fédérations [...] sont néanmoins confrontés depuis quelques années à de nouvelles revendications d'ordre religieux (par exemple, port du bermuda sous la douche, prière dans les vestiaires, demande de repas hallal...) » [Gasparini, 2002]. Pourtant, des travaux contradictoires pointent l'invisibilité du phénomène de radicalisation dans le sport [Gasparini, 2018 ; Nuytens *et al.*, 2018 ; IHEMI, 2022] qui serait une « radicalité fantasmée, jamais objectivement observée [ou] faisant l'objet de croyances et de commérages tenaces » [Sallé et Bréhon,

14. « How can I train myself for Jihad? », non daté, auteur non précisé, <https://archive.org/stream/How_can_I_train_myself_for_Jihad/How_can_I_train_myself_for_Jihad_djvu.txt>.

Hérodote, n° 192, La Découverte, 1er trimestre 2024.

2020, p. 77]. Cette controverse perturbe inévitablement les échanges académiques qui virent parfois à la confrontation. Cependant, la nécessité d'y voir plus clair sur ce sujet clivant demeure particulièrement intéressante au plan scientifique.

Pour mieux saisir cet objet sociologique, nous émettons l'hypothèse que les tensions sont liées à l'absence de culture commune sur la dénomination des constats. Ainsi, pour éclairer notre réflexion nous faisons le choix d'interroger comment les forces de sécurité caractérisent les éventuelles menaces islamistes dans le champ du sport. Nous tenterons de repérer s'ils identifient les individus et/ou les situations qui s'écartent potentiellement du cadre fixé aux sportifs en mobilisant le concept de déviance. En la considérant comme « une propriété non du comportement lui-même, mais de l'interaction entre la personne qui commet l'acte et celles qui réagissent à cet acte » [Becker, 1985, p. 38], cette déviance étant parfois la résultante d'un écart au règlement et, dans d'autres situations, une conséquence d'interactions au sein du groupe. Ainsi, nous tenterons de mieux appréhender les techniques d'identification et de catégorisation qui conduisent les forces de sécurité à étiqueter un tel sportif comme un « autrui significatif » [Hugues, 1996] dans leur fichier. Nous postulons que leur approche consiste à aborder une pratique de l'islam dans sa « traduction idéologique actuelle : l'islamisme » [Rougier, 2020, p. 7] que Bruno Étienne définit comme « l'utilisation politique par les acteurs d'une protestation antimoderne perçue comme portant atteinte à leur identité à la fois nationale et religieuse » [Étienne, 2003, p. 46]. Appréhender l'engagement islamiste par la mobilisation des concepts de la déviance et de *policing* nous semblent être utile pour tenter de scientifiser l'approche des services de renseignement et de lutte antiterroriste. Les travaux sur le *policing* sont d'origine anglo-saxonne et vise à analyser l'activité de la police secrète. En étudiant les différentes formes de police, Brodeur affirme que la police secrète ou invisible relève de l'ordre politique. Selon lui, « le *policing* politique n'est ni rare ni inconnu, il forme l'essence même du modèle global de *policing* [qu'il] appelle "haute police" » [Brodeur, 1983, p. 508]. Celle-ci aurait pour fonction de collecter principalement du renseignement, suivre des individus ou encore archiver des dossiers secrets [Manning, 2012]. Cette « haute police » a-t-elle récupéré des données sur cette menace dans le sport ? Si nous observons une tentation à vouloir globaliser le terme « islamisme » en un ensemble uniforme ayant comme dénominateur commun l'islam radical, nous postulons que les forces de sécurité intérieure ont développé une technicité visant à échelonner le degré de la déviance. Ont-elles la capacité d'identifier une menace dans le champ du sport et sont-elles en mesure de la graduer sur une échelle de risque ?

Hérodote, n° 192, La Découverte, 1er trimestre 2024.

Enquête au cœur du renseignement

La difficulté d'enquêter sur cet objet de recherche ne doit pas annihiler les ambitions attachées à la compréhension des processus qui conduisent les forces de sécurité à s'intéresser à la menace islamiste dans le champ du sport. Il est entendu que le chercheur peut se voir confronté à des blocages institutionnels, liés à la spécificité de ce milieu, tels que « le besoin d'en connaître, le secret des sources et la règle du tiers service [qui] sont trois principes fondamentaux du fonctionnement des services de renseignement des démocraties occidentales » [Inchaurraga, Mathis et Poirot, 2018, p. 100]. L'utilisation récurrente de cet argument par les autorités vise, le plus souvent, à freiner toute ambition scientifique. Cependant, au niveau de la recherche, notre travail doit prendre en compte les « rapports de fascination qu'un jeune chercheur inexpérimenté peut entretenir pour le travail secret des institutions du renseignement politique » [Ferret, 2014, p. 10]. Pourtant, nous pensons, peut-être à tort, être immunisés contre le magnétisme que pourrait provoquer ce milieu au regard de la généalogie professionnelle[15] de l'un d'entre-nous, même « si une situation technique ou institutionnelle commune ne garantit pas une culture commune » [Monjardet et Thoening, 1994, p. 353].

ENCADRÉ : MÉTHODOLOGIE DE RECHERCHE

Dans le cadre de ces travaux, nous avons fait le choix d'une méthodologie de recherche qualitative basée sur le recueil de données différentes au cours de la période 2016-2019. Dans un premier temps, nous avons réalisé des entretiens semi-directifs avec les autorités publiques des services de renseignement, de la lutte antiterroriste et de la prévention de la radicalisation. À cet effet, nous avons préparé un guide d'entretien et sollicité le général de brigade, commandant la sous-direction de l'Anticipation opérationnelle (SDAO), le commissaire divisionnaire, adjoint à l'Unité de coordination de la lutte antiterroriste (UCLAT), le préfet, chef de l'État-major opérationnel de la prévention du terrorisme (EMOPT), et la Secrétaire générale du Comité interministériel de la prévention de la délinquance et de la radicalisation (CIPDR). Ces quatre hauts fonctionnaires sont respectivement issus de la gendarmerie nationale, de la police nationale, du corps préfectoral et de la diplomatie. Ils bénéficient tous les quatre d'un haut niveau d'expertise dans le domaine de la lutte antiterroriste ou de la prévention de la radicalisation. Après avoir pris attache avec ces autorités, nous avons proposé notre protocole lié à notre

15. Ancien sous-officier de gendarmerie et auditeur de l'Institut national des hautes études de la sécurité et de la justice.

Hérodote, n° 192, La Découverte, 1er trimestre 2024.

démarche scientifique. La prise de contact a été simplifiée pour les représentants de l'UCLAT et du SDAO car nous avions fait connaissance dans le cadre de notre année de formation à l'Institut national des hautes études de la sécurité et de la justice (INHESJ). Pour l'EMOPT et le CIPDR, la mise en relation s'est effectuée par le secrétariat de ces entités et des contacts téléphoniques préalables avec les membres de leur cabinet. À chacun, nous avons expliqué notre souhait d'enregistrer les entretiens afin de faciliter la retranscription et l'interprétation du matériau recueilli. Deux d'entre eux ont accepté cette méthodologie alors que les deux autres ont préféré ne pas être contraints par ce dispositif. Nous avons donc travaillé en prise de notes tout en maintenant notre démarche scientifique. Seul le commandant du SDAO a exigé une relecture des prises de notes pour validation de son propos. Ces entretiens ont eu une durée variable d'une heure à deux heures environ pour le plus conséquent. Ils ont tous été intégralement retranscrits.

Conscients de la difficulté d'obtenir une parole libérée et transparente de la part de ces acteurs institutionnels imposants [Laurens, 2007], nous avons complété nos entretiens par le recueil d'informations (documents, notes, propos) auprès des agents de terrain chargés de traiter ce sujet au quotidien. Si une note du Service central du renseignement territorial (SCRT) a fuité dans la presse en 2015 [16], parfois citée dans les productions académiques, nous faisons l'hypothèse que d'autres productions ont été rédigées ces dernières années. Nous avons pu recueillir deux notes [17] en « diffusion restreinte » de la part des services de renseignement et nous avons été amenés à consulter une note [18] en « confidentiel défense » des services de lutte antiterroriste français. À noter que le recueil de ces productions professionnelles est le fruit de nombreuses heures de négociations avec les acteurs de terrain. Durant plus de trois années, nous avons travaillé cette thématique au contact des agents de renseignement qui œuvrent quotidiennement sur le terrain. Cette proximité nous a permis de développer une confiance mutuelle et l'accès à des productions souvent inaccessibles. Nous nous sommes engagés à ne jamais divulguer la localisation, les identités des personnes et des structures mentionnées dans ces notes. Nous avons conscience de la limite méthodologique dans le recueil de ce type de matériau mais l'intérêt de ces documents, pour certains inédits, est indéniable pour la compréhension des enjeux des forces de sécurité intérieure dans la gestion de ce phénomène.

16. M.-A.B avec Pierre de Cossette et Jérôme Lacroix, « Radicalisme : le sport amateur dans le viseur du renseignement », Europe 1, 15 octobre 2015, <www.europe1.fr/faits-divers/radicalisme-le-sport-amateur-dans-le-viseur-du-renseignement-2530047>.

17. « Le sport vecteur de communautarisme voire de radicalisme », SCRT, 27 juillet 2015 ; « Le communautarisme islamique dans le sport », SCRT, 5 avril 2017.

18. « Le sport, nouveau terrain de jeu de la radicalisation ? », UCLAT, novembre 2017.

Le sport est-il un outil de l'islamisme ?

Si nous n'avons pu participer de manière active au travail des spécialistes du renseignement visant « à rechercher des menaces potentielles, dans son effort systématique pour protéger la répartition des pouvoirs dans une société donnée » [Brodeur, 1983, p. 513], leurs rapports et les entretiens dédiés nous ont permis de saisir une partie de leur technicité. Alors que l'association de l'islamisme au sport est loin d'être une évidence, « la présence dans les clubs sportifs de salafistes et autres radicaux, dont les canons de la pratique religieuse les contraignent à ne s'adonner à aucun sport, interroge sur les ressorts profonds de ce subit engouement pour les salles de musculation ou les rings de boxe » (note SCRT du 27 juillet 2015, p. 1). Ainsi, au cours de leurs enquêtes, les professionnels du ministère de l'Intérieur distinguent trois catégories de menaces islamistes au sein du sport : le communautarisme, la radicalisation et le terrorisme. Si la notion de communautarisme est parfois connotée négativement, infondée et assujettie au fantasme collectif dans l'utilisation quotidienne qui en est faite [Mohammed et Talpin, 2018], sa mobilisation par les professionnels du renseignement relève du constat du regroupement entre coreligionnaires au sein des clubs sportifs par exemple. La notion de radicalisation, quant à elle, est au cœur de nombreux débats scientifiques et elle demeure considérée comme « un concept mal défini, complexe et controversé » [Coolsaet, 2011]. Nous ne rentrerons pas ici dans les différends entre chercheurs, non pour éluder la réflexion mais en assumant un postulat différent. Ainsi, nous percevons, dans le cadre de cet article, ces notions comme un outil spécifique de renseignement, utilisé par les forces de sécurité et de justice, qui ne peut être manié que par eux. Le Fichier des signalements pour la prévention de la radicalisation à caractère terroriste (FSPRT) permet de suivre, depuis sa création en 2015, toutes les personnes inscrites pour radicalisation. Selon les autorités, la divulgation des informations contenues dans ce fichier est réservée aux seules personnes habilitées et ainsi « le secret qui règne autour du mode d'acquisition du renseignement le [les professionnels du renseignement] met à l'abri de la critique, ce qui affecte la validité et la fiabilité des conclusions qui en sont tirées » [Sageman, 2005, p. 15]. De ce constat naît une défiance quant à l'acceptation du phénomène de radicalisation et les conditions d'inscription des personnes dans ce fichier. Sur la base de « ces stigmates tribaux que sont la race, la nationalité et la religion » [Goffman, 1975, p. 14], le risque d'étiquetage [Becker, 1985] est avancé pour craindre la discrimination et l'exclusion d'une partie de la population [Sallé et Bréhon, 2020]. Pourtant, « il faut une défaillance des contrôles sociaux qui tendent habituellement à maintenir les comportements en conformité avec les normes et les valeurs fondamentales de la société pour qu'apparaissent un comportement déviant » [Becker, 1985, p. 83]. Ces transgressions et transformations normatives

Hérodote, n° 192, La Découverte, 1er trimestre 2024.

sont susceptibles d'alerter les unités de renseignement et incitent ces acteurs à capter des transgressions au cadre général pour travailler. L'action des services de renseignement s'appuie sur l'idée que « pour comprendre la différence, ce n'est pas le différent qu'il faut regarder mais bien l'ordinaire » [Goffman, 1975, p. 150].

Le communautarisme islamiste au sein des clubs sportifs

L'adhésion à un club privé ou à une structure associative sportive implique nécessairement une acceptation des règles en vigueur. De fait, les pratiquants se voient dans l'obligation de respecter le cadre que tentent d'imposer les dirigeants et les éducateurs du club. En découle ce postulat, « le club constitue un environnement favorable à la socialisation, c'est-à-dire propice à une adhésion à un cadre social, à une intériorisation de normes de valeurs et à une construction de l'identité » [Nuytens *et al.*, 2018, p. 10]. Pourtant, le club de sport « ne contient pas de valeurs intrinsèques, il n'est pas vertueux, éducatif ou intégrateur en soi : il porte les valeurs qu'on lui attribue » [Gasparini, 2002, p. 110]. Ainsi, en nous autorisant à envisager la possibilité qu'un club s'engage dans un processus déviant, il est possible de retrouver des associations communautarisées voire radicalisées. Nous savons que « la plupart des groupes déviants ont un système d'autojustification (une idéologie) » qui fournit « à l'individu des raisons solides, à ses yeux, de maintenir la ligne de conduite dans laquelle il s'est engagé » [Becker, 1985, p. 61]. Il est intéressant de souligner que cette perspective est acceptée par les autorités. Elles semblent en mesure de distinguer le communautarisme de la radicalisation comme nous l'indique ce haut fonctionnaire :

> Nous avons manifestement des clubs qui sont sous emprise non pas seulement communautaire mais radicale, et ce qui apparaît très nettement, c'est que dans tous ces phénomènes, il y a des leaders de la radicalisation avec des démarches stratégiques pour prendre en main des groupes sportifs[19].

Cette distinction apparaît également dans les notes que nous avons pu consulter. Les rédacteurs évitent de mutualiser ces deux termes tout en les associant dans leurs descriptions de situations. Pour illustrer notre analyse, nous pourrions citer ces différents exemples dans le champ des sports de combat :

> Ces deux clubs de boxe de combat drainent une population de jeunes habitants des quartiers sensibles. La conversion à l'islam ou la radicalisation dans la pratique de

19. Entretien avec l'adjoint de l'UCLAT, 5 mai 2017.

Hérodote, n° 192, La Découverte, 1er trimestre 2024.

l'islam d'une partie des adhérents sont incontestablement liées à la fréquentation de ces deux salles[20].

Ou encore :

> La communauté tchétchène contrôle tout un secteur du quartier sensible de la ville. [...] De fait, cette communauté a peu à peu annexé la salle de sport de l'association au point d'en récupérer la présidence. L'annexion de ce local, par une communauté ancrée dans la violence et les principes rigoristes de l'islam, laisse craindre que le club ne devienne un lieu de recrutement privilégié. La salle de sport est déjà fréquentée par des musulmans radicaux connus pour la violence de leurs propos à l'égard des communautés françaises, américaines et juives[21].

Si « les systèmes de justification des groupes déviants comportent tendanciellement une récusation globale des normes morales conventionnelles, des institutions officielles et plus généralement de tout l'univers des conventions ordinaires » [Becker, 1985, p. 62], nous suggérons que la structure (associative ou entrepreneuriale) n'est que l'outil qui permet de diffuser l'idéologie. Cependant, cette organisation n'a aucun moyen de transmettre ce message sans un acteur incontournable, l'éducateur sportif. Celui-ci est un « professionnel [...] qui devient un "autrui significatif" » [Hugues, 1996], participant à la transformation de ce « rapport à l'apprendre » [Terral, 2009, p. 125], au cours des interactions générées au sein du club. Cet espace de socialisation est fortement marqué par le rôle central de l'éducateur sportif et rien ne semble pouvoir se faire sans son approbation. Dans le cadre d'une pratique déviante de cet éducateur, le risque pour les adhérents est susceptible de devenir conséquent. Les exemples de ces entraîneurs de football illustrent l'importance qu'ils peuvent avoir sur un groupe.

> L'entraîneur en charge des joueuses effectue du prosélytisme dans le club et invite de nombreuses licenciées à lire le Coran et à venir prier chez lui. L'une d'elles est d'ailleurs suivie par le service[22].

> Le club de football a pris la décision de se séparer de ses deux entraîneurs, fichés et assignés à résidence, leur implication dans le prosélytisme en faveur du djihad est avérée[23].

---

20. SCRT, 2015.
21. SCRT, 2018.
22. « Le communautarisme islamique dans le sport », SCRT, art. cit.
23. UCLAT, note de synthèse, novembre 2017.

Hérodote, n° 192, La Découverte, 1er trimestre 2024.

La lecture du Coran et la prière ne présentent aucune forme d'illégalité en droit français, pourtant, leur mobilisation au sein du club de football pour recruter de nouveaux coreligionnaires est considérée, par les forces de sécurité, comme transgressive. Le prosélytisme islamiste est plus complexe à appréhender car la frontière avec l'apologie du terrorisme est très ténue. En prenant le prisme des dirigeants, nous observons également différentes situations qui laissent à penser que des structures sont devenues, aux yeux des services de renseignement, des incubateurs islamistes.

> Tous les licenciés du club sont de confession musulmane, la plupart ayant été « cooptés » pour leur profil religieux et les membres du bureau sont très ancrés dans une pratique radicale de l'islam. [...] De nombreux membres du club suscitent une vigilance particulière des services de renseignements en raison de leur radicalisation dans la pratique religieuse[24].

Radicalisation : le repérage par la pratique sportive individuelle

Dans le cadre de notre enquête, nous avons pu mesurer l'importance donné à cet outil par les forces de sécurité. Alors que le nombre de personnes fichées évolue quotidiennement, à la hausse ou à la baisse en fonction des entrées et des sorties décidées par les autorités, le commandant de la SDAO nous précise :

> Aujourd'hui nous pouvons dire que, sur l'ensemble des personnes suivies dans le cadre de la radicalisation islamiste, 12,5 % sont connues pour pratiquer une activité physique et sportive. Nous retrouvons 3 familles d'activités telles que les sports collectifs, en particulier le football, les sports de combat, notamment les boxes, et la musculation en salle[25].

L'utilisation de statistiques est toujours complexe, voire simpliste tant nous pouvons être tentés de minimiser ou amplifier un phénomène de ce type. Notre intention n'est pas de mettre en perspective ce pourcentage mais bien de mettre en exergue les outils d'objectivation créés et utilisés par les forces de sécurité et de justice. À ce titre, l'UCLAT avance des données précises, sur la base du FSPRT, que nous pouvons synthétiser par le schéma ci-dessous :

24. SCRT, 2015.
25. Entretien du 10 août 2018.

Hérodote, n° 192, La Découverte, 1er trimestre 2024.

GRAPHIQUE 1. – RÉPARTITION DES DISCIPLINES SPORTIVES PRATIQUÉES PAR LES PERSONNES RADICALISÉES

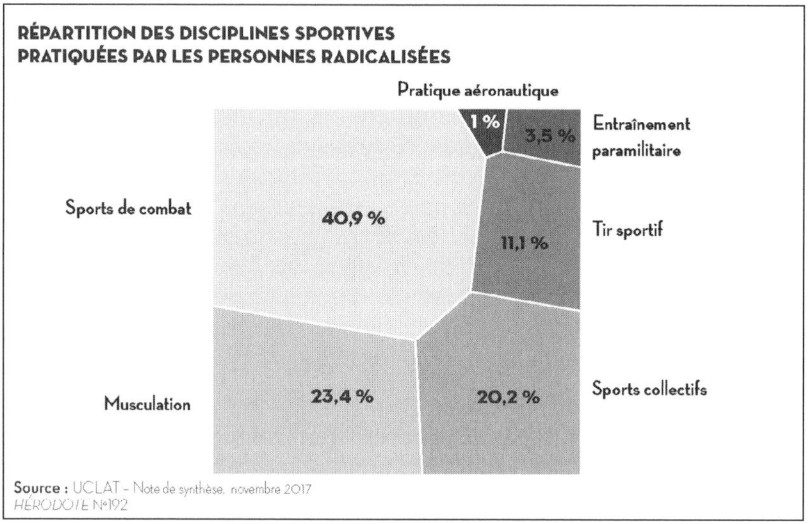

Source : UCLAT, note de synthèse, novembre 2017.

Nous retrouvons les familles d'activités (sports de combat, musculation et sports collectifs) dans les disciplines les plus pratiquées par les personnes fichées pour radicalisation islamiste. Cette prédominance des sports de combat est d'ailleurs soulevée par le préfet qui dirige l'EMOPT, qui nous précisait qu'ils avaient « été signalés d'emblée par des services comme la sécurité intérieure ou le renseignement territorial comme étant un facteur aggravant du risque et de la radicalisation ». Les propos de ce haut fonctionnaire font écho à ceux de Muriel Domenach[26], alors secrétaire générale du CIPDR, qui nous indiquait que, « dans le champ de la prévention de la radicalisation, une attention particulière est accordée aux sports de combat qui peuvent être détournés de leurs objectifs sportifs pour servir d'entraînement au combat sur le sol national ou à l'étranger ».

Au regard des entretiens que nous avons menés et des productions que nous avons consultées, il apparaît que la dynamique sportive, en particulier certaines disciplines, est un indicateur servant à l'évaluation des personnes susceptibles d'être radicalisées. Selon les autorités, cette déviance n'est donc pas une « radicalité fantasmée, jamais objectivement observée [ou] faisant l'objet de croyances et de

26. Entretien, 10 septembre 2018.

commérages tenaces» [Sallé et Bréhon, 2020, p. 77], mais bien un outil d'analyse construit empiriquement ces dernières années sur le terrain. Un infime volume des personnes fichées pour radicalisation bascule dans la phase ultime de terrorisme.

Terrorisme islamiste et pratique dévoyée du sport

Dans un document de propagande jihadiste accessible en ligne intitulé «Comment puis-je m'entraîner au Jihad[27]», les futurs affidés se voient conseiller sur les différents sports à pratiquer. Il est expliqué que l'entraînement physique est basé sur le développement de l'endurance, la force, la vitesse et l'agilité. Il est rappelé que la musculation et les arts martiaux sont indispensables et qu'il est possible d'aller s'entraîner dans des clubs. Ce mémento du futur terroriste est susceptible d'expliquer cet engouement pour les salles de sport, comme nous l'indique le commissaire divisionnaire adjoint à l'UCLAT:

> L'État islamique ne valorise pas la pratique sportive en tant que telle puisque certains sports sont même déclarés mécréants comme le football puisque le sport est assimilé à un divertissement au pire sens du terme, quelque chose qui nous écarte, qui nous divertit de la seule préoccupation que peut avoir un bon musulman, c'est-à-dire la relation à Dieu. Mais ce qui est valorisé, ce n'est pas du sport, mais c'est l'entraînement physique dans une logique paramilitaire. Ce qui fait une énorme différence. Donc, de là, les sports qui s'approchent le plus d'une activité paramilitaire ou qui peuvent conduire à une activité paramilitaire sont évidemment encouragés. Deuxième remarque, quasiment tous les individus qui sont passés à l'acte et que l'on peut pénalement qualifier de terroristes ont eu, enfin la très grande majorité, une activité dans les sports de combat[28].

Combattre au KO[29] nécessite un conditionnement et une volonté d'accepter de transgresser une norme sociale importante liée à la préservation de l'intégrité physique de l'adversaire. Dans ce type d'activité, il est nécessaire d'assumer le risque de blesser autrui ou d'être blessé. Les similitudes entre le sport et l'acte guerrier sont rappelées par Norbert Elias et Eric Dunning: «La boxe grecque était considérée comme un entraînement à la guerre tout autant qu'aux jeux de compétition» [Elias et Dunning, 1986, p. 187]. Cet engagement est très proche de celui demandé aux militaires, forces de l'ordre ou encore aux affidés aux multiples groupes terroristes.

27. «How can I train myself for Jihad?», art. cit.
28. Entretien du 5 mai 2017.
29. KO signifie que la mise hors combat de l'adversaire est autorisée lors de l'opposition entre deux combattants.

Cette notion utilitariste, attachée aux sports de combat, fait partie intégrante des programmes d'entraînement de toutes les forces de sécurité mais il s'agit, le plus souvent, d'un usage dévoyé de la pratique sportive et compétitive telle qu'elle est normalement développée au sein des fédérations sportives. Le but étant de préparer et d'aguerrir les policiers ou les militaires aux futurs affrontements qu'ils seront amenés à gérer dans leur quotidien sans pour autant avoir un arbitre pour arrêter le combat. Ainsi, les terroristes agissent par mimétisme dans le cadre de leur entraînement personnel et collectif pour atteindre les objectifs qu'ils se sont fixés. Ainsi, ces organisations extrémistes et criminelles conseillent à leurs futures recrues de « rejoindre un club d'arts martiaux dans le cadre de leur formation au djihad[30] » et « durant la période de l'ascension des islamistes, les sports de combat et en particulier le judo et le karaté se développent et suscitent un engouement auprès des jeunes en Algérie » [Fatès, 2004, p. 91]. Ainsi, le club, ou la structure de pratique au sens le plus large, deviendrait une forme d'incubateur à l'islamisme comme l'affirme Olivier Roy en ces termes : « Le club de sports de combat est plus important que la mosquée dans la socialisation djihadiste » [Roy, 2016, p. 55]. Si le propos mériterait un peu plus de nuance, il est factuel de retrouver cette pratique sportive dans la plupart des biographies des auteurs des attentats terroristes islamistes en France ces dernières années [Chapitaux, 2023]. Si le suivi du sport apparaît comme un axe de travail conséquent des services français de renseignement et de lutte antiterroriste. Il a pour objectif d'« accumuler le maximum de connaissances sur les milieux dans lesquels pouvaient se forger des projets terroristes locaux » [Ferret, 2014, p. 46] ; la capacité de la haute police à différencier et graduer la menace, sans tomber dans la stigmatisation de l'islam ou l'amalgame qui signifierait une méconnaissance de cette religion et des courants qui la traversent, semble avérée. Pourtant, et après ce travail de fond, nous nous interrogeons sur l'opérationnalité de ce modèle au regard de la protéiformité du sport en France.

Conclusion

Dans le cadre de notre enquête, nous avons identifié une méconnaissance de l'organisation du sport en France qui conduit, parfois, à une généralisation de la part de ces professionnels de la sécurité intérieure. Nous retenons principalement une difficulté à distinguer le rôle des activités physiques et sportives, et/ou la structure, dans les profils suivis. Le sport ne peut en aucun cas apparaître comme un facteur déclenchant d'une islamisation mais les capacités motrices et habiletés

30. « How can I train myself for Jihad ? », art. cit.

Hérodote, n° 192, La Découverte, 1er trimestre 2024.

spécifiques qu'il permet de développer peuvent être mobilisées et dévoyées au profit de celle-ci. Par ailleurs, nous n'avons pas perçu dans les documents consultés de réelles différenciations structurelles de ce secteur. Celui-ci est appréhendé en termes génériques sans vraiment distinguer le sport institué, non institué, professionnel, associatif ou encore communal. Ainsi, le sport est étudié comme un tout, homogène et indissociable, sans jamais vraiment mobiliser les différenciations structurelles, techniques, historiques ou sociales. Pourtant, le statut administratif du club est, selon nous, la clé dans la gestion de cette menace pour les services de renseignement. Avant d'être un potentiel incubateur de l'islamisme, le club sportif est le plus souvent une association, parfois une entreprise mais dans tous les cas une structure reconnue par les autorités. Une acculturation à cette diversité serait susceptible d'éviter les amalgames et les stigmatisations d'un secteur, par exemple les sports de combat, tout en optimisant les réponses préventives et répressives en cas de menaces identifiées.

Bibliographie

ATRAN S. (2003), « Genesis of suicide terrorism », *Science*, n° 299.

BECKER H. (1985), *Outsiders*, Paris, Éditions Métailié.

BLOCH C. (2011), « Respect des droits de l'homme, discrimination et extrémisme : nouveaux défis à l'éthique sportive », *in* BODIN D. et G. SEMPÉ (dir.), *Éthique et sport en Europe*, Strasbourg, Édition du Conseil de l'Europe, coll. « Politiques et pratiques sportives ».

BRODEUR J.-P. (1983), « High policing and low policing: Remarks about the policing of political activities », *Social Problems*, vol. 30.

BRONNER G. (2016), *La Pensée extrême. Comment des hommes ordinaires deviennent des fanatiques*, Paris, PUF.

CHAPITAUX M. (2023), *Quand l'islamisme pénètre le sport*, Paris, PUF.

COOLSAET R. (2011), *Jihadi Terrorism and the Radicalisation Challenge: European and American Experiences*, Farnham, Ashgate Publishing Limited, 2e éd.

CRETTIEZ X. et SÈZE R. (2017), « Saisir les mécanismes de la radicalisation violente : pour une analyse processuelle et biographique des engagements violents », rapport de recherche pour la Mission de recherche droit et justice, Paris.

ELIAS N. et DUNNING E. (1986), *Sport et civilisation. La violence maîtrisée*, Paris, Fayard.

ÉTIENNE B. (2003), « L'islamisme comme idéologie et comme force politique », *Cités*, n° 14.

FATÈS Y. (2004), « L'islamisme algérien et le sport : entre rhétorique et action », *Confluences Méditerranée*, n° 50.

FERRET J. (2014), « Crise sociale, question nationale et violence dans les sociétés contemporaines occidentales », Habilitation à diriger des recherches (sous la direction de M. Wieviorka), Paris, EHESS.

Hérodote, n° 192, La Découverte, 1er trimestre 2024.

GASPARINI W. (2002), « Sport et dérives sectaires », *Agora débats/jeunesses*, nº 28.
— (2018). « *Radicalisation et communautarisme dans le sport amateur : de quoi parle-t-on ?* », conférence « Les rencontres territoriales du sport », CNFPT, Pantin.
GOFFMAN E. (1975), *Stigmates*, Paris, Éditions de Minuit.
HECKER M. (2007), « Al Qaïda. Mort et transfiguration », *Études*, vol. 407, nº 11.
HUGUES E. (1996), *Le Regard sociologique : essais choisis, textes rassemblés et présentés par J.-M. Chapoulie*, Paris, Éditions de l'EHESS.
IHEMI (2022), « Terrains de radicalisation ou de prévention ? Exploration des radicalisations dans le sport associatif », rapport, Paris.
INCHAURRAGA G., MATHIS R. et POIROT J. (2018), « Besoin d'en connaître », *in* MOUTOUH H. (dir.), *Dictionnaire du renseignement*, Paris, Perrin.
LAURENS S. (2007), « "Pourquoi" et "comment" poser les questions qui fâchent ? Réflexions sur les dilemmes récurrents que posent les entretiens avec des "imposants" », *Genèses*, nº 69.
MANNING, P. (2012). « Haute et basse police selon Jean-Paul Brodeur », *Champ pénal [en ligne]*, vol. IX.
MICHERON H. (2020), *Le Jihadisme français*, Paris, Gallimard.
MOHAMMED M. et TALPIN J. (2018), *Communautarisme ?*, PUF.
MONJARDET D. et THOENIG J.-C. (1994), « Présentation », *Revue française de sociologie*, vol. 35, nº 3.
NUYTENS W., SALLÉ L., BRÉHON J., CHOVAUX O. et MARASA G. (2018), « Sport et radicalisation. Interroger la place des activités physiques dans les mécanismes de radicalisation. Explorations et étude de cas dans les Hauts-de-France », note de synthèse, université d'Artois.
ROUGIER B. (2020), *Les Territoires conquis de l'islamisme*, Paris, PUF.
ROY O. (2016), *Le Djihad et la Mort*, Paris, Seuil.
SAGEMAN M. (2005), *Le Vrai Visage des terroristes. Psychologie et sociologie des acteurs du djihad*, Paris, Denoël.
SALLÉ L. et BRÉHON J. (2020), « La radicalisation dans le sport au prisme de la sociologie de Norbert Elias : des commérages aux logiques d'exclusion », *Staps*, 128(2).
TERRAL P. (2009), « L'insertion professionnelle des étudiants STAPS de la filière entraînement : modification du rapport au sport et intellectualisation », *in* BERNARDEAU-MOREAU D. et COLLINET C. (dir.), *Les Éducateurs sportifs en France depuis 1945. Question sur la professionnalisation*, Rennes, Presse universitaire de Rennes.
WEISS P. (2012), « La fabrication du regroupement sportif "communautaire" : enquête sociologique sur les clubs de football "turc" en France et en Allemagne », thèse de doctorat, Université de Strasbourg.

Hérodote, nº 192, La Découverte, 1er trimestre 2024.

Résumés

Béatrice Giblin, *Éditorial. Géopolitique de l'Olympisme*

L'Olympisme représente des enjeux de pouvoir qui se sont accrus au cours du temps avec l'élargissement du nombre d'États et des disciplines sportives qui y participent, et du fait de son immense succès médiatique depuis la retransmission des Jeux à la télévision. C'est donc avec cet angle-là qu'Hérodote a construit ce numéro. Le sport est un acteur des relations internationales dès le début du XXe siècle, mis au service de la puissance et du prestige des États. Pour ce faire, Paris a choisi d'innover avec une cérémonie d'ouverture en plein air malgré les risques encourus. Les JO, du fait de leur aura médiatique, sont aussi un moyen efficace pour des États, des nations ou des entités de se faire connaître et d'améliorer leur image. Cependant, bien que le rôle du CIO se soit accru, il est loin d'avoir le poids nécessaire pour faire respecter la *Pax olympica*.

Jean-Loup Chappelet, *La lutte pour la gouvernance du sport mondial*

En moins d'un siècle, d'un passe-temps réservé à quelques gentlemen amateurs en Europe, le sport est devenu un phénomène mondial qui concerne des millions d'hommes et de femmes de toutes origines, garçons et filles, sportifs de base, d'élite ou simples spectateurs. Il s'est développé grâce à des événements internationaux de plus en plus médiatisés comme les Jeux olympiques modernes. Trois types d'organisations ont lutté pour gouverner ce phénomène au niveau mondial : 1) le Comité international olympique (CIO) qui attribue les Jeux rénovés depuis 1894 à des villes européennes ou américaines, puis du monde entier dès 1956 ; 2) les fédérations sportives internationales (FI) qui chacune gouvernent un sport particulier en fixant des règles universelles, en établissant un calendrier de compétitions internationales, en reconnaissant des fédérations nationales dans le monde entier, etc. ; et 3) des gouvernements et des organisations intergouvernementales. Cet article retrace en trois épisodes cette lutte géopolitique pour la gouvernance du sport mondial depuis 1945 qui se poursuit aujourd'hui encore avec quelques nouveaux acteurs.

Hérodote, n° 192, La Découverte, 1er trimestre 2024.

Pascal Gillon, *Géopolitique du système olympique : reconnaissances, stratégies d'influence, conflits à l'aube des Jeux de Paris*

Le sport est entré dans l'arène des relations internationales dès le début du XXe siècle et n'en est jamais ressorti depuis. Fort de sa dramaturgie et vecteur symbolique d'un affrontement « pacifique » entre nations, il s'est particulièrement épanoui lors des Jeux olympiques, rendez-vous médiatique mondialisé. Cette compétition est le produit du système olympique réunissant une sphère sportive, dominée par le CIO, une sphère économique constituée des diffuseurs et des sponsors, une sphère de régulation rassemblant entre autres l'AMA (Agence mondiale antidopage) et le TAS (Tribunal arbitral du sport), et d'acteurs externes qui tentent d'utiliser cette dernière à des fins géopolitiques, dont les États, ou des ONG. Conserver le contrôle de la fête est devenu essentiel pour le CIO qui utilise son droit de reconnaissance et son corollaire, l'exclusion, pour y parvenir. Par ailleurs, il a dû développer une diplomatie économique et sportive pour tenter de contrer certaines stratégies d'influence tentées par les autres acteurs. Toutefois, le « coût géopolitique du sport » est faible pour certains acteurs, ce qui amène, à certaines périodes, à une forte conflictualité.

Pierre-Olaf Schut, *L'héritage des Jeux olympiques et paralympiques de Paris 2024 : éducation, organisation sportive et politique publique*

La candidature de Paris pour les Jeux olympiques et paralympiques a mis en avant l'héritage que l'événement pouvait construire dans le pays hôte. Cette contradiction entre le caractère fugace de l'événement et la durabilité de l'héritage interroge sur son bien-fondé et son objet. Ces questions sont au centre du propos qui vise à circonscrire et donner corps à l'héritage des Jeux organisés à Paris. D'abord, il s'agit de définir l'essence et les sens de l'héritage pour appréhender sa conception. Puis, sa gouvernance est essentielle pour comprendre le jeu des acteurs engagés et leurs motivations. Cette approche par le haut doit nécessairement changer de focale et s'approcher des acteurs pour envisager l'opérationnalisation de l'action publique avant de conclure en insistant sur les besoins d'évaluations pour distinguer les réalisations des transformations.

Médéric Chapitaux, *La cérémonie d'ouverture des JO de Paris 2024 : une faille dans l'organisation ?*

La cérémonie d'ouverture des Jeux olympiques a toujours fait partie du protocole dès les Jeux antiques avant d'être confirmée lors de la rénovation des Jeux modernes. Depuis le début du XXe siècle, la cérémonie d'ouverture a toujours été organisée dans un stade, véritable espace sanctuarisé, permettant d'encadrer les spectateurs et assurer une sécurité optimale à l'évènement. En optant pour le choix originel de la déambulation, Paris 2024 fait un choix iconoclaste qui interroge les spécialistes de la sécurité, qui plus est dans un contexte géopolitique tendu. Cet article vise à montrer comment cette cérémonie d'ouverture qui sera réalisée sur la Seine est une gageure pour les forces de sécurité intérieure en charge du bon déroulement de la manifestation.

Hérodote, n° 192, La Découverte, 1er trimestre 2024.

Les cyberattaques : un enjeu de sécurité primordial, *entretien avec Pierre André*

La sécurité des JO de Paris 2024 est une priorité absolue compte tenu de l'importance médiatique exceptionnelle de cet évènement. Les cyberattaques sont parmi les risques majeurs. L'histoire des cyberattaques sur les JO est déjà longue puisqu'elle a commencé aux JO de Montréal en 1976 et, depuis, les cyberattaques ont connu non seulement une croissance exponentielle mais elles sont aussi beaucoup plus sophistiquées. Toute la partie informatique de l'évènement sportif (billetterie, web, pilotage des épreuves...) est prise en charge par le CIO et le COJO, le reste, notamment la partie sécurité des infrastructures au sens large, est du champ des pays ou des villes hôtes. La France a une approche institutionnelle et légale de la gestion des risques. L'État français a mis en place un préfet délégué aux Jeux olympiques, cela a représenté une force car cela a permis d'aligner sur des objectifs communs des acteurs très différents avec des priorités très différentes, et donc de faire de la cybersécurité une priorité qui n'est pas le sujet habituel de ceux qui construisent des infrastructures.

André Suchet, *Les Jeux de « l'État espagnol » en « nation catalane », géopolitique régionale des Jeux méditerranéens 2018 à Tarragone*

Les Jeux méditerranéens sont une compétition multisports reconnue par le Mouvement olympique au titre de Jeux régionaux, tout comme les Jeux du Pacifique, les Jeux asiatiques ou les Jeux panaméricains. Plusieurs études ont déjà traité de ces évènements sportifs, héritiers de la décolonisation, comme témoins de la situation géopolitique d'une partie du monde. Ce travail vise plutôt à en cerner les enjeux de niveau régional au sens étroit du terme. Réfutant complètement l'hypothèse selon laquelle les Jeux méditerranéens 2018 de Tarragone, au sud de Barcelone, auraient constitué une vitrine du nationalisme catalan et du projet identitaire régional, les observations tendent à montrer combien ces Jeux constituent au contraire une démonstration de force au plan sportif, culturel et politique de l'Espagne souverainiste. Ces XVIIIe Jeux méditerranéens dévoilent aussi plus largement d'autres lignes de fracture, en Espagne et en Europe, entre conservateurs et progressistes, entre masculinité(s) et féminisme(s).

Pauline Soulier, *L'hypothèse du sport international comme élément protonational dans la construction d'une nation kosovare*

Vingt ans après la fin de la guerre, la question du statut du Kosovo est toujours en suspens. Encore aujourd'hui, le statut de cette République autoproclamée en 2008 est contesté et fait l'objet de négociations notamment sous l'égide de l'Union européenne. Si l'État du Kosovo n'est pas reconnu au niveau international malgré la résolution 1244 du Conseil de sécurité des Nations unies, qu'en est-il de la nation ? Eric Hobsbawm explique que l'élément protonational le plus décisif est la « conscience d'appartenir ou d'avoir appartenu à une entité politique durable ». Une nation, pour vivre, nécessite des points de convergence entre ses membres. Le sport, parce qu'il est présenté comme rassembleur, peut être vecteur de ce que Michael Billig nomme le « nationalisme ordinaire ». Il est alors susceptible de contribuer à la création d'un sentiment national dépassant les particularismes

Hérodote, n° 192, La Découverte, 1er trimestre 2024.

individuels. Le sport serait alors créateur d'un lien imaginaire dans la mouvance des travaux de Benedict Anderson. Ainsi, le sport international peut-il être l'un des éléments protonationalistes de la construction d'une nation kosovare conjuguant, voire sublimant, les antagonismes serbes et albanais. Est-il possible de pratiquer du sport en commun ? Comment de possibles équipes nationales sont-elles accueillies tant au niveau kosovar qu'international ? Les champions kosovars ont-ils un poids politique ? Nous étudierons les exemples de la tentative de récupération des judokas olympiques par le gouvernement et des tensions persistantes dans les rencontres sportives locales et européennes.

Médéric Chapitaux et Philippe Terral, *Islamisme et sport : entre invisibilité, amalgame, stigmatisation et protéiformité de la menace*

Alors que l'islamisme s'inscrit à l'agenda politico-médiatique, dans un traitement parfois approximatif, le sport se voit contraint de prévenir cette menace au sein des clubs sans pour autant en maîtriser réellement le sens. Cet article interroge la perception des services de renseignement face à l'immixtion islamiste dans le champ du sport français. Nous avons débuté notre enquête par des entretiens semi-directifs avec les responsables d'unités de renseignement et de lutte antiterroriste avant d'analyser des documents confidentiels recueillis auprès des agents de terrain. En mobilisant la notion de *policing* et de déviance, nous mettons en évidence les outils utilisés par les forces de sécurité pour identifier et graduer cette menace dans ce secteur éducatif.

Hérodote, n° 192, La Découverte, 1er trimestre 2024.

Abstracts

Béatrice Giblin, *Geopolitics of Olympism*

Olympism represents issues of power that have increased over time with the expansion of the number of States and sports that participate and because of its immense media success since the broadcast of the Games on television. It is with this angle that Herodotus built this number. Sport was an actor in international relations from the beginning of the 20th century, at the service of the power and prestige of States. To do this, Paris chose to innovate with an open-air opening ceremony despite the risks involved. The Olympics because of their media aura are also an effective way for States, nations or entities to make themselves known, to improve their image. However, although the role of the IOC has increased, it is far from having the necessary weight to enforce the *Pax olympica*.

Jean-Loup Chappelet, *The struggle for the governance of global sport*

In less than a century, sport has transformed itself from a hobby for a few European gentlemen into a phenomenon which involves millions of men and women from all walk of life, boys and girls, mass sport participants, elite athletes or just spectators. Sport has developed thanks to heavily mediated sports events such as the modern Olympic Games. Three types of organisations have struggled to govern global sport: 1) The International Olympic Committee (IOC) which awarded the modern Olympic Games to European and US cities, and from 1956 to cities of the rest of the world; 2) The International sports Federations (IFs) which each govern a particular sport establishing universal rules, deciding on a calendar of international competitions, recognising national federation all over the world, etc.; 3) Some governments and intergovernmental organisations. This article relates in three episodes the geopolitical struggle for the governance of world sport from 1945, which continues to this day with a few new actors.

Pascal Gillon, *Geopolitics of the Olympic system: recognition, strategies of influence, conflicts on the eve of the Paris Games*

Sport is a tool of international relationship since dawn of twentieth century and still continues to be part of. As a dramatic and symbolic vehicle for "peaceful" confrontation between nations, it has particularly flourished

Hérodote, n° 192, La Découverte, 1er trimestre 2024.

during the Olympic Games, a globalized media event. This competition is the product of the Olympic system, which brings together a sporting sphere dominated by the IOC, an economic sphere made up of broadcasters and sponsors, a regulatory sphere including WADA and CAS, and external players such as states and NGOs who attempt to use the latter for geopolitical ends. Retaining control of the event has become essential for the IOC, which uses its right of recognition and its corollary, exclusion, to achieve this. In addition, it has had to develop economic and sports diplomacy in an attempt to counter certain strategies of influence attempted by other players. However, the "geopolitical cost of sport" is low for some players, leading to high levels of conflict at certain times.

Pierre-Olaf Schut, *Legacy of the Olympic and Paralympic Games Paris 2024: education, sports organizations and public policy*

Paris' bid for the Olympic and Paralympic Games highlighted the legacy that the event could build in the host country. This contradiction between the fleeting nature of the event and the durability of the legacy raises questions about its validity and purpose. These questions are at the heart of our aim to define and give substance to the legacy of the Paris Games. First of all, we need to define the essence and meaning of the legacy in order to understand how it is conceived. Then, its governance is essential to understand the interplay of the players involved and their motivations. This top-down approach must necessarily change focus and get closer to the players in order to consider the operationalization of public action, before concluding by stressing the need for evaluations to distinguish achievements from transformations.

Médéric Chapitaux, *The opening ceremony of the Paris 2024 Olympic Games: A break in the organization?*

The opening ceremony of the Olympic Games has always been part of the protocol since the ancient games before being confirmed during the renovation of the modern games. Since the beginning of the 20th century, the opening ceremony has always been organized in a stadium, a true protected space, allowing spectators to be supervised and ensuring optimal security for the event. By opting for the original choice of wandering, Paris 2024 is making an iconoclastic choice which questions security specialists, moreover, in a tense geopolitical context. This article aims to show how this opening ceremony which will be carried out on the Seine is a challenge for the internal security forces responsible for the smooth running of the event.

Cyberattacks are a key security issue, interview with Pierre André

The security of the Paris 2024 Olympics is a top priority given the exceptional media importance of this event. Cyberattacks are among the major risks. The history of cyberattacks on the Olympics is already long since it began at the Montreal Olympics in 1976 and since then they have not only grown exponentially but they are much more sophisticated. The entire IT part of the sporting event (ticketing, web, event management, etc.) is managed by the IOC and the OCOG, the rest of the security part of the infrastructures in the broad sense is the field of the host countries or cities. France has an institutional and legal approach to risk management. The French State has set up a prefect delegated to the Olympic Games, this

Hérodote, n° 192, La Découverte, 1er trimestre 2024.

represented a strength because it has made it possible to align on common objectives very different actors with very different priorities, and therefore to make cybersecurity a priority that is not the usual subject of those who build infrastructure.

André Suchet, *The "Spanish State" Games in "Catalan Nation": Regional geopolitics of the 2018 Mediterranean Games in Tarragona*.

The Mediterranean Games are a multi-sport competition recognized by the Olympic movement as a Regional Games, just like the Pacific Games, the Asian Games or the Pan American Games. Several studies have already dealt with these sporting events, heirs of decolonization, as witnesses to the geopolitical situation of a part of the world. This work aims rather to analyze the regional level issues in the narrow sense of the term of these sports gatherings. Completely refuting the hypothesis according to which the 2018 Mediterranean Games in Tarragona (at the south of Barcelona) would have constituted a showcase of Catalan nationalism and of the regional identity project, the sources, interviews and observations tend to show the opposite. These Games constitute a demonstration of force on a sporting, cultural and political level of sovereignist Spain. More broadly, these XVIII Mediterranean Games perhaps also reveal other fault lines, fractures between nations and Europe, between conservatives and progressives, between masculinity(s) and feminism(s).

Pauline Soulier, *The hypothesis of international sport as a protonational element in the construction of a Kosovar nation*

Twenty years after the end of the war, the question of the status of Kosovo is still unresolved. Even today, the status of this self-proclaimed Republic in 2008 is contested and is the subject of negotiations, particularly under the aegis of the European Union. If the State of Kosovo is not recognized internationally despite United Nations Security Council Resolution 1244, what about the nation? Eric Hobsbawm explains that the most decisive protonational element is the "consciousness of belonging or having belonged to a lasting political entity". A nation in order to live requires points of convergence between its members. Sport, because it is presented as unifying, can be a vector of what Michaël Billig calls "ordinary nationalism". It is then likely to contribute to the creation of a national feeling going beyond individual particularities. Sport would then create an imaginary link in the movement of the work of Benedict Anderson. Thus, international sport can be one of the proto-nationalist elements in the construction of a Kosovar nation, combining or even sublimating Serbian and Albanian antagonisms. Is it possible to practice sports together? How are possible national teams welcomed both at the Kosovar and international level? Do the Kosovar champions have political weight? We will study the examples of the government's attempt to recover Olympic judokas and the persistent tensions in local and European sporting events.

Hérodote, n° 192, La Découverte, 1er trimestre 2024.

Médéric Chapitaux and Philippe Terral, *Islamism and sport: between invisibility, amalgamation, stigmatization and proteiformity of the threat*

While Islamism is part of the political-media agenda, in a treatment that is sometimes approximate, sport is forced to prevent this threat within clubs without fully understanding its meaning. This article questions the perception of the intelligence services regarding Islamist interference in the field of French sport. We began our investigation with semi-structured interviews with the heads of intelligence and anti-terrorism units before analyzing confidential documents collected from field agents. By mobilizing the notion of policing and deviance, we highlight the tools used by security forces to identify and scale this threat in this educational sector.

Hérodote, n° 192, La Découverte, 1er trimestre 2024.

Hérodote est historiquement liée à l'Institut Français de Géopolitique (IFG) – la formation en géopolitique (master et doctorat) de l'Université Paris 8 – Vincennes – Saint-Denis –, où ont enseigné son fondateur Yves Lacoste, sa directrice Béatrice Giblin, également fondatrice de l'IFG, et où enseigne une partie importante de l'équipe de la revue.

L'INSTITUT FRANÇAIS DE GÉOPOLITIQUE DE L'UNIVERSITÉ PARIS 8 OFFRE DES FORMATIONS DE MASTER INTENSES, EXIGEANTES ET PASSIONNANTES !

La **première année** est consacrée à la **formation à et par la recherche**, qui est au cœur du projet intellectuel, démocratique et citoyen de l'École Française de Géopolitique. Les étudiants et les étudiantes doivent écrire un **mémoire de recherche d'une centaine de pages appuyé sur une enquête de terrain d'un mois en autonomie**. Un accompagnement fort leur est proposé pour favoriser leur réussite durant cette année si différente de leurs expériences précédentes.

En seconde année, **quatre spécialisations professionnalisantes sont possibles**: géopolitique locale et gouvernance territoriale, géopolitique du cyberespace, nouveaux territoires de la compétition stratégique, analyse des risques géopolitiques et environnementaux. Toutes ces spécialisations sont ouvertes à l'alternance, et **la majorité des étudiants et des étudiantes a désormais un contrat d'apprentissage**. Celles et ceux qui souhaitent faire une seconde année de recherche le peuvent, notamment en préparation d'un projet de doctorat.

Avec 85 places en première année, le master de l'IFG offre aussi une véritable **vie collective de promo**, animée notamment par une association étudiante dynamique. **Les étudiantes et étudiants viennent de nombreuses formations et disciplines**, notamment: géographie, histoire, droit, sociologie, science-politique, économie et gestion, langues (LLCE/LEA) ou de classes préparatoires.

Les candidatures en première année de master se font exclusivement via **la plateforme nationale monmaster.gouv.fr du 26 février au 24 mars 2024**. Toutes les informations utiles se trouvent sur le site www.geopolitique.net.
En deuxième année, les candidatures doivent passer par le site de l'Université. L'IFG n'offre pas de formation au niveau licence.

BULLETIN D'ABONNEMENT

Hérodote

Structure ....

Nom ....

Prénom ....

Adresse ....

Code postal .... Ville ....

Pays .... Tél. ....

E-mail ....

❑ Je m'abonne pour 1 an (4 numéros) à *Hérodote* à partir du numéro ....

(Prix en vigueur à compter du 1er janvier 2023, frais de port et TVA compris.)

• **Particuliers**

❑ France métropolitaine 92 € ❑ Dom-Tom, UE et Reste du monde 106 €

• **Institutionnels**

❑ France métropolitaine 131 € ❑ UE exonérée de TVA* 138,17 €

❑ Dom-Tom, UE non exonérée de TVA et Reste du monde 145 €

• **Abonnement de soutien**

❑ Tous pays 150 €

*L'exonération de TVA en UE est conditionnée à la présentation d'un numéro de TVA intracommunautaire.

❑ Ci-joint mon règlement :

❑ Chèque libellé à l'ordre de Cairn.info

❑ Carte bancaire (Carte bleue, Visa et Master-Eurocard, uniquement) :

Numéro de carte :

Date de validité : – – / – – – – Date et signature :

Cryptogramme (au dos de la carte) : – – –

Votre commande ne vous sera envoyée qu'après réception de votre paiement

❑ Paiement à réception d'une facture proforma

Bulletin à retourner à :

Cairn.info Diffusion
26 rue Édouard Lockroy
75011 Paris
FRANCE

L'enregistrement, par Cairn.info SAS, des données recueillies sur ce formulaire est effectué dans un but exclusivement commercial et administratif. Cela nous permet de donner suite à votre demande (pilotage de la relation client, traitement de votre commande, livraisons des exemplaires, etc.) et de vous tenir informé(e) de nos publications.

Le données sont conservées pendant 3 ans à compter du dernier contact initié par vous, ou de l'envoi du dernier numéro de votre abonnement. Une réclamation auprès de la CNIL peut être introduite par toute personne en cas de manquement.

Vous pouvez accéder aux données vous concernant, les rectifier ou demander leur effacement. Pour exercer ces droits ou pour toute question sur le traitement de vos données, merci de contacter dpo@cairn.info.

Cet ouvrage est imprimé
sur du papier issu de forêts
gérées durablement.

Mis en pages par DV Arts Graphiques à Saint-Nazaire.
Achevé d'imprimer en février 2024 sur les presses de l'imprimerie Laballery à Clamecy
Dépôt légal : février 2024 – N° d'impression : 401900

Imprimé en France